五分钟经济学

互联网时代的经济逻辑

寇宗来 ◎ 著

北京大学出版社
PEKING UNIVERSITY PRESS

图书在版编目(CIP)数据

五分钟经济学:互联网时代的经济逻辑/寇宗来著.—北京:北京大学出版社,2021.4
ISBN 978-7-301-32164-5

Ⅰ.①五… Ⅱ.①寇… Ⅲ.①经济学—通俗读物 Ⅳ.①F0-49

中国版本图书馆 CIP 数据核字(2021)第 073985 号

书　　名	五分钟经济学:互联网时代的经济逻辑 WUFENZHONG JINGJIXUE: HULIANWANG SHIDAI DE JINGJI LUOJI
著作责任者	寇宗来　著
责任编辑	闫格格
标准书号	ISBN 978-7-301-32164-5
出版发行	北京大学出版社
地　　址	北京市海淀区成府路 205 号　100871
网　　址	http://www.pup.cn
微信公众号	北京大学经管书苑(pupembook)
电子信箱	em@pup.cn
电　　话	邮购部 010-62752015　发行部 010-62750672 编辑部 010-62752926
印刷者	北京宏伟双华印刷有限公司
经销者	新华书店
	890 毫米×1240 毫米　32 开本　8.75 印张　208 千字 2021 年 4 月第 1 版　2021 年 4 月第 1 次印刷
定　　价	45.00 元

未经许可,不得以任何方式复制或抄袭本书之部分或全部内容。
版权所有,侵权必究
举报电话:010-62752024　电子信箱:fd@pup.pku.edu.cn
图书如有印装质量问题,请与出版部联系,电话:010-62756370

就我而言，经济学是一种视角，是一个决策者——不管是政府官员、企业家或普罗大众——在需要做决策时，总是在所能有的选择方案中，选出其当时所认为的最好方案所凭借的观察和分析真实世界现象的视角。经济学的理论是以这一视角对某一决策者在某一时点、某一情景下所做选择的"刻舟求剑"。这种"刻舟求剑"可以用严谨的数学模型来描述，也可以用通俗易懂的语言来表达，而后者即所谓的经济学的直觉（intuition），经济学家在构建严谨的数学模型来解释所观察到的真实世界的现象时，必须先有正确的直觉。寇宗来教授掌握了经济学的视角，善于使用通俗易懂且简练的语言来分享他对真实世界错综复杂现象的直觉，虽然没有套用理论，但每一篇短文都充满了观察和分析真实世界现象的经济学智慧，当然，如果他愿意，也都可以用数学写成严谨的模型。这是一本难得的易读易懂、可以帮助我们了解发生在日常生活之中许多有趣现象的好的经济学读物。

林毅夫
北京大学新结构经济学研究院院长
北京大学国家发展研究院名誉院长

推荐序

我非常荣幸受宗来教授之托为本书作序。这是一本开卷有益、令读者愉悦的经济学短文集。它聚焦于生活中到处可见的经济学问题，尤其是互联网经济现象。作者对信手拈来的日常经济学现象的剖析，可以说是入木三分、字字珠玑——既旁征博引，又洞若观火；既地道专业，又文采飞扬。对日常话题短小精悍的议论，折射出作者跨界自如的才气。阅读此书对于我来说既是一种享受，又是一个非常好的学习机会，因此欣然接受了宗来老师的邀请。

确如书的作者所说，他放弃一些本来可以撰写和发表专业文章的宝贵时间来写这些短文的目的，是"尽一份公共知识分子的社会责任"。读完此书后我的感觉是，他尽到了这份责任，而且尽得很好，令人肃然起敬。

众所周知，我是相当赞同罗纳德·科斯先生对新古典经济学和芝加哥学派的批评的，反对滥用数学工具来盲目从事"黑板经济学"研究。宗来的这些短文，在普及经济学基本概念和理论之余，也树立了一个典范，即如何用通俗的日常语言、丰富的案例，而不是枯燥的数学模型，来阐释日常生活中的经济学现象，并揭示出其背后的经济理性与逻辑。恰如宗来所说："很多经济学问题和对这些问题的理解方式是开放的，是充满企业家精神的，因而也往往是数学工具难以（甚至无法）胜任的。"

基于经济学问题具有的这种"开放性"特征，我打算在这篇序言中随机挑选书里的几篇短文所涉及的问题，提出我自己的一些看法。

在《经济学，假装是科学！》和《经济学并非无聊的数学规划，凯恩斯不是凯恩斯主义者》两篇短文中，作者讨论了经济学究竟是不是"科学"这一哲学问题。在讨论了卡尔·波普对科学的定义后，作者套用了数学大师、哲学家罗素对哲学的一个看法："经济学是介于科学与神学之间的一门学科，其科学性高于神学，但比不上自然科学。"我很赞同宗来这个绝妙的套用。的确，与自然科学相比，经济学更像神学，因为它的基本理论假设和大前提完全是为了数学推导的方便由经济学家们主观构造出来的东西，比如生产函数和效用函数。但是与神学相比，经济学又显得更像科学，因为它毕竟需要解释现实世界中的经济学数据，而且还应用了很多数学工具——虽然神学也企图解释世界，但是没有采用数学工具。

宗来为此提出了一个观点，他认为经济学要想变得更加接近科学、远离神学，至少需要建立在更加可靠的经济学数据之上。因此，经济学数据的可靠性也在一个方面决定了经济学理论的科学性。

在我看来需要补充的是，无论是经济学数据的缺乏，还是数学工具的不够完善，都不是目前经济学还不能被称为科学的理由。换句话说，经济学之所以不是科学而更像神学，不在于现存经济学数据不够精确，也不在于经济学现象太复杂以至于现存数学工具不够用；而在于经济学家们在构造经济学的数学模型时，根本就不尊重研究对象的实际特点和具体结构，基本是随心所欲地假设对象服从一个便于用数学"求解"的模型，便开始用微积分或者其他数学工具进行一番操作，得出一些漂亮的数学"公式"或"定理"来解释个体与企业的经济行为，并将国家的经济行为看成这些个体行为的简单加总，好比人体是无数个同质细胞的简单加总一样。这样的方法论是典型的经院哲学，是违背科学精神的神学。

这也好比是物理学家为了研究鸡的行为，先将鸡假设成富有弹性的刚性小球，然后开始运用微积分和牛顿力学对其进行分析，研究鸡的动量、冲量、势能、滚动速度、空气阻力，以及多只鸡之间相互进行弹性碰撞的动力学，等等。但是这样一来，所研究的对象已经不是鸡了，而是一个没有生命的球体，仅此而已。如果这样做研究，还需要生物学干什么？

换一个角度，生物世界不同物种体内的新陈代谢都可以被经济学家看成约束条件下的资源优化。经济学家于是向物理学家学习，假设生命体的新陈代谢过程是一个二次连续凹凸函数，然后对它求导并让一阶导数等于零，就号称自己把生物学变成了自己心目中的"科学"，仅仅因为用上了数学。但是这个二次函数的优化与细胞内部的新陈代谢过程中的优化是同一个东西吗？

类似地，经济学家假设任何一个企业或国家都没有自己特殊的"生物学"意义上的经济结构，都可以用一个抽象的柯布—道格拉斯生产函数来代表，里面的生产要素是"金、木、水、火、土"五大元素，然后直接对其求导并让一阶导数等于这些要素的"价格"，就号称理解了一个企业和国家的经济运行规律。但是，这样的生产函数所刻画的企业是华为或阿里巴巴吗？

所刻画的国家是德国或印度吗？如果都不是，凭什么经济学家可以号称懂经济？他们最多只能谈得上懂一点应用微积分。

经济学家更像书斋里的炼金术士，只需用纸和笔让"金"多一些、"水"少一些，就可以"生产出"波音飞机或电脑；让"气"多一些、"土"少一些，就可以"生产出"石油或棉花。经济萧条是由一种更加神秘的"全要素"——索洛残差——的突然减少导致的。面对一种矿石，化学家需要通过实验找出它的分子结构，才能判断其化学性质；面对一种细菌，生物学家需要通过实验发现它的蛋白质结构，才能找到对症的药物。化学家因此发现了元素周期表，生物学家因此发现了DNA。经济学家假设了一个数学上方便求导的生产函数，假设了"资本"和"劳动"这两个神秘的生产要素，然后只需要削足适履地将任何一个企业和国家往上一套，用微积分操作一番就完成任务了；至于理论与数据之间的差距则不是问题，只需用各种看不见的"索洛残差"填充进去，就可以使模型与数据之间吻合得完美无缺。①

下面我更想利用这个机会讨论一下"科斯悖论"，它与宗来在本书的"互联网时代的经济逻辑"一章中一系列关于互联网经济学现象的精彩文章和所涉及的经济学问题有关。

科斯在他1937年发表的、也是使其后来获得诺贝尔经济学奖的论文之一——《企业的性质》中指出，企业的大小是由市场交易成本的高低决定的：如果市场交易成本为零，企业就没有

---

① Wen, Yi. The Poverty of Macroeconomics—What the Chemical Revolution Tells Us about Neoclassical Production Function [EB/OL]. (2021-02) [2021-04-20]. https://research.stlouisfed.org/wp/more/2021-001

存在的必要；如果市场交易成本过高，比如合同签约和执行成本过高，那么由企业家出面将合同所涉及的各方联合起来成立企业，就可以节省基于价格机制的市场交易成本。因此按照科斯的逻辑，市场的交易成本越高，企业存在的"价值"和运营规模就越大；反之，市场的交易成本越低，企业的规模就越小，就越没有存在的价值或必要。

但是科斯的这个逻辑与现实经济中的很多现象显得互相矛盾。落后国家没有大企业，难道是因为那里的市场交易成本太低？或组织成本太高？即便是后者，把组织成本降低以后就会出现大企业吗？不会。因为大企业用规模化生产方式提供的产品在落后国家没有市场能够吸收。因此，落后国家不存在大企业的首要原因是市场规模太小，以至于企业的巨额投资成本无法依靠市场规模来覆盖。而市场规模的大小与市场交易成本的高低是成反比的，降低市场交易成本的有效手段之一是扩大市场规模。

宗来提到了很多中国的互联网公司或者企业都是收入上亿的大企业。它们之所以规模巨大，是因为网络技术大大扩张了市场、降低了交易成本，以至于上亿中国网民都可以上网，而且每人只需要支付微不足道的费用就可以给互联网公司带来数额惊人的各种收入。这充分体现了统一大市场的威力。

又比如在英国爆发工业革命时期，很多规模化大生产企业或者托拉斯企业纷纷涌现。难道这是当年英国的市场交易成本突然增加的结果吗？显然不是。恰恰相反，这是由于英国主导的世界市场的形成，大大降低了全球贸易的交易成本，因此才出现了越来越多的企业采纳规模化大生产方式来满足日益增长的全球市场的需求,以降低平均生产成本,把产品输送到全世界。换句话说,大企业的出现,是市场交易成本降低、市场规模扩大的结果,而不是如科斯所说的市场交易成本增加的结果。

我在拙著《伟大的中国工业革命》一书的第三章讨论"工业革命的逻辑"时,提出了科斯这个逻辑背后的问题,我们姑且把它叫作"科斯悖论"。由于科斯忽略了这个悖论,他没有能够揭示工业革命为什么发生在英国而不是欧洲其他国家或亚洲国家的秘密,因此他也无法解释中国的经济奇迹;虽然科斯本人长期关注中国的经济发展,而且非常坚定地认为经济学的未来在中国,而不是在"黑板经济学"占统治地位的美国。

事实上,宗来关于互联网企业的讨论也给了我们一些启示来回答"科斯悖论"。互联网企业的作用是搭建一个平台,使得在平台上进行交易的个体(比如厂商与消费者)之间的交易成本大大降低。这个平台对于许多厂商和消费者来说是一个公共品或者是可以"租借"的平台型服务产品,但是对于搭建这个平台的互联网企业来说则是一个私人产品,它通过收取"会员费""手续费""过路费"等平台使用费而获取利润、覆盖成本。因此,平台上交易成本的高低对于平台企业本身来说是内生的,它不决定平台企业的大小,而是反过来由平台企业的大小决定的。

类似地,众多的平台企业背后还有更大的平台——国家。基础设施就是国家提供的交易平台。因此,我在《伟大的中国工业革命》一书中提出:"市场本身是个公共品,它需要国家力量去创造。""工业化是国家意志的产物。""只有规模化大市场才能支撑规模化大企业;但是规模化大市场的创造必须符合循序渐进的'胚胎发育'规律。""政治家就是企业家;如果说企业家精神决定了企业的成败,那么政治家的胸襟、眼光和战略决定了国家的成败。"这些观点也能在宗来这本书中找到不同形式的回应。

是为序。

文一①

写于美国圣路易斯

2021 年 4 月 20 日

---

① 文一,美国联邦储备银行(圣路易斯)助理副行长、原清华大学经济管理学院 CCB 讲席教授。

目 录

前 言 / 001

经济学导言

经济学,假装是科学! / 003

经济学并非无聊的数学规划,凯恩斯不是凯恩斯主义者 / 008

经济学的"知行合一" / 015

从多巴胺到非理性决策 / 023

不确定性下的义利观 / 033

互联网时代的经济逻辑

互联网时代的经济逻辑 / 045

互联网平台没有"安静的生活" / 051

周鸿祎是如何颠覆雷军的? / 061

守旧还是创新,谁说了算? / 066

超女、短信——为了忘却的纪念 / 069

飞信策略的精妙与陷阱 / 073

微信,是如何灭掉 MSN 和飞信的? / 078

互联网时代,看广告是一种美德 / 084

电商来袭,几家欢喜几家愁? / 089

拼多多上市不是"消费降级"的充分证据! / 093

"店大欺客"vs."客大欺店" / 096

"刷信"真的很坏吗? / 098

如何破解"黑心外卖"？ / 105
　　平台竞争——补贴何日是尽头？ / 113
　　优步——生于公平，死于效率 / 117
　　共享单车——真共享，假共享？ / 120
　　网约车真的不安全吗？ / 124
　　顺风车，莫让滴滴变陌陌 / 131
　　顺风车，"一键报警"怎么样？ / 142
　　对网约车司机访谈的总结 / 147
　　上海为什么创新不足？ / 149
　　上海为什么没有 BAT？ / 156
　　"上海为什么没有 BAT？"：真问题，假问题？ / 160

知识何以有力量

　　为什么一流知识永远不免费？ / 167
　　再论知识的对错、高下与定价 / 177
　　知识定价中的产品思维与平台思维 / 194
　　高校的慕课竞争 / 200
　　教师的慕课竞争 / 203
　　慕课如何影响社会公平？ / 207

对未来经济的看法

　　中国经济增长的斯芬克斯之谜 / 211
　　当"数字化生存"遇到"城市的胜利" / 222
　　大数据会导致计划经济吗？ / 227
　　AI 已经到来，共产主义还会远吗？ / 232
　　"第二机器时代"的贸易冲突 / 245
　　疫情冲击与商业模式嬗变 / 251

前　言[①]

我的公众号"来谈经济"（FININD）在昨天实现了一个阶段性的"小目标"——粉丝数正式破万。

对影视明星和许多互联网大咖来说，1万粉丝简直不足挂齿，但于我而言，在互联网流量获取日益困难的今天，仅凭一己之力写、编，不断叨扰自己参与的各个微信群，以及微信好友的口碑转发而实现这个目标，是颇为不易的。

所以，此书不仅是为自己鼓劲加油，而且是对众多师长、同学、群友和粉丝们的感恩与致谢！

最近全国上下都在进行"不忘初心，牢记使命"的主题教育活动。我猜想，对于这样一个活动，每个人一定会有自己的理解。但从本公众号倡导的"知行合一"经济学的角度来看，"不忘初心，牢记使命"是为大海泛舟者构筑一个牢固的"精神之锚"，使其不至于因为人性的懒惰而随波逐流，也不至于被突如其来的惊涛骇浪吓得不知所措。诚如本书中《从多巴胺到非理性决策》一文所介绍的，这种"精神之锚"就是每个有初心的发愿者应该一以贯之的"参考点"（reference point）。正如曾子所说，"吾日三省吾身：为人谋而不忠乎？与朋友交而不信乎？

[①] 改编自"来谈经济"公众号2019年9月26日推文《"来谈经济"粉丝数以万计!》。

传不习乎？"

"来谈经济"公众号始创于2018年1月24日，初心是"旨在用通俗的语言、丰富的案例，阐释经济学思维逻辑和分析方法"。之所以如此，是受到2014年诺贝尔经济学奖获得者让·梯若尔（以下简称"梯神"）教授的精神感召，而具体的缘起则是看了梯神的一本书，即《公共利益经济学》(Economics for Common Good)。

凡是了解一些经济学的人都不会对在经济学领域纵横捭阖、跨界自如的梯神感到陌生，他是一个有着婴童般笑容的"纯粹"的经济学大师。和许多法国著名经济学家一样，梯神是École Polytechnique（理工学院）出身，数学非常好，用数学工具刻画和分析各种经济现象、用数学公式表达各种深邃的经济学洞见，是他极其擅长也让常人难以望其项背的本领。但在《公共利益经济学》这本书里，梯神既没有跨界开创某个新的经济理论，也没有用到一个数学公式，他所做的，只是用通俗的日常语言来阐释他自己或其他人的一些既有研究成果，以及他对诸如数字经济时代各种机遇和风险的看法。酷爱学术探索的梯神为何愿意花大量时间在这种并不推进"学术前沿"，并且绝大多数经济学家不愿参与的知识普及工作上？对此，他自己给出的解释是，这是作为一名"公共知识分子"的社会责任。

在此意义上我们可以认为，通过《公共利益经济学》这本书，梯神虽然没有在理论研究上跨界，但是在其"公共知识分子"的使命上实现了更大的跨界。他在书中多次强调这样一个观点：经济学家不能光做严肃的学术研究，还要普及好的经济学知识。以我在法国生活的切身体验来看，信奉"自由、平等、博爱"的法国民众有很大的热情追求各种"免费"的社会福利，通过持续不断的罢工来抵制各种旨在提高经济运行效率的市场化改革措施。我猜想,身为法国人的梯神对此应该有更加深刻的体会和无奈,"所有的政策都是我们应该得的,因为有什么样的民众,就有什么样的政策"。

与其他社会科学相比,经济学之所以独树一帜、成为唯一设有诺贝尔奖的社会科学,一个很重要的原因是经济学强调从理性的角度去分析人类行为和社会现象,并借助数学工具构建了一整套逻辑严密的分析框架。

正因为强调经济理性,或者说是因为过度强调经济理性,经济学往往会给出一些冷冰冰的、基于逻辑铁律(tyranny of logic)而"不问道德"的真知灼见。

同时,也正因为使用数学工具,或者说是因为过度使用数学工具,经济学家为自己构建了很高的进入壁垒,很多时候会为追求逻辑的严谨性而"将数学之美当成真理"(take mathematical beauty as truth),从而使经济学成为普通大众难以理解的"自嗨"科学。

或许正是看到了经济学数学化带来的"为学日益,为道日损"的发展困境,梯神才抛开他的数学神技,用老百姓看得懂的日常语言来阐释深邃的经济理性。

高山仰止,景行行止。梯神的境界我辈无法企及,但这并不妨碍心向往之的精神追求。正是基于这种精神追求,我决定开设"来谈经济"公众号,旨在用通俗的语言、丰富的案例,阐释经济学思维逻辑和分析方法,为经济学在中国的普及尽绵薄之力。

奇妙的是,一旦有了这样的志向作为"参考点",一篇篇地、耗时耗力地写这些并不会对自己的学术简历添光增彩的公众号文章，也成为一件"累并快乐着的"事情。我觉得自己并没有浪费生命，因为普及经济学是在"做对的事情"，而亲力亲为写好每一篇文章，则是"将事情做对"。基于这样的理解，我将英国哲学家大卫·休谟的相关观点总结为"激情是道，理性为径"，并将其作为"来谈经济"公众号的个性标签。

更加奇妙也出乎意料的是，我感觉公众号文章的创作过程让我对经济学的理解有了很大的提高。简言之，我越来越觉得不应该将经济学等价为或局限于里昂·罗宾斯所总结的机械性的"约束最优化"，同时经济学也不应止步于或满足于事后的经济解释。

因为对于任何一个现实生活中的决策者来说，真正最有意义的经济问题是如何确定自己要追求的目标，以及如何看待自己所面临的约束。这些问题是开放性的，是充满企业家精神（entrepreneurship）的，因而也往往是数学工具难以（甚至无法）刻画的。

如果将经济学理解为一个定价理论，那么，加里·贝克尔以来的"经济学帝国主义"（economic imperialism）强调了"凡事皆可定价"，其分析范围既包括了传统的经济现象，也包括了家庭、婚姻、宗教、身份、歧视、选举、拖延症、过度自信、意识形态、国家能力，等等，似乎是只有人们想不到的，没有经济学家不敢分析的。但审视现在居于主流的新古典经济学，人们会遗憾地发现，受制于数学工具的局限性，它很难对企业家精神做出分析，因而基本上没有什么像样的关于企业家精神的经济理论。

如前所述，作为现实中人，我们无时不面临如何确定目标、如何看待约束的问题，而在很多情况下，我们所面临的决策问题不是有明确目标和明确约束的约束最优化问题，而是不确定性下的决策问题，即我们必须在"不知道自己不知道什么"的情况下做出一些选择。

一旦我们不知道自己不知道什么，信念就是极其重要的。强调"激情是道"，是因为这决定了我们在多大程度上能够经得起随机事件的冲击，在多大程度上会"不忘初心"，会为了原先设定的目标而去积极拓展以放松面临的各种约束。例如，假设一个人觉得大数据研究很重要，但一看自己的工具箱并找不到编程技能，则在简单的约束最优化范式下，大数据研究就是不可行的。然而，对于一个具有"学术企业家精神"的人来说，一旦他认准了这个目标，觉得这个问题足够重要，并觉得自己具有研究这个问题的潜在能力，他就会花费足够多的时间去学习编程，即通过能力积累来放松自己的决策约束。不过，这里需要附带说明的是，判断自己可以做什么、不可以做什么，也是需要企业家精神的。所以，苏格拉底有句名言："认识你自己（Know yourself）！"

如果新古典理论下的理性人只是对风险（risk），即对知道自己不知道什么的事情进行定价，那么，企业家的功能则是对不确定性（uncertainty），即对不知道自己不知道什么的事情进行定价。

我相信，每个人都自觉或者不自觉地具有一定程度的企业家精神，因为自从我们的祖先走出非洲大陆，每一次迁移对他们而言都是用生命去冒险，他们不知道前面到底是机会还是灾难。物竞天择，适者生存，人类能够延续至今，我们每个人都拥有通过冒险获取超额收益的基因！

更新公众号文章当然不会面临生存还是毁灭的选择，但每一次文章主题的选择，以及写出来的效果，是无法预知，或者至少是无法完全预知的。一路走来，这其中的心路历程非常有趣，既有文思泉涌的酣畅，也有江郎才尽的苦闷；既有粉丝猛涨的喜悦，也有无意"掉粉"的沮丧。在心态起伏中，我突然觉得自己对行为经济学的参考点效应有了前所未有的、豁然开朗的理解。

由于大脑处理能力有限，我们人类在演化过程中建立了基于参考点而简化分析的"大拇指规则"（rule of thumb）或有限理性（bounded rationality）。究其本质，选择参考点就是选定我们的决策之锚，而不同参考点之间的转换，则牵涉到决策精度和决策尺度之间的权衡。参考点由高到低是以尺度换精度，而参考点由低到高则是以精度换尺度。

做对的事情，代表的是决策格局，是战略、是方向、是领导力，要求我们选择大尺度参考点；把事情做对，代表的是决策精度，是管理、是战术、是执行力，要求我们选择小尺度参考点。

所谓厉害的人，就是可以针对具体的情景选择合适的参考点，能够在大尺度参考点和小尺度参考点之间恰如其分地自由切换——在选择大尺度参考点确定格局的同时不忘小尺度参考点，做到"粗中有细"，制定并实施最精准的战术；而在选择小尺度参考点确定战术的同时也不忘大尺度参考点，保持格局，不陷入"一叶障目，不见泰山"的狭隘。

长久以来，我一直有着"述而不作"的毛病，有些即兴而发的灵感往往都一闪而过了。而写公众号文章、普及经济学这样一个初心，相当于一个可置信的自我承诺，让我抽取点滴时间将那些本来会一闪而过的灵感记录下来，而将灵感转化为文字的过程又会加深我对这些问题的思考，让许多粗略的灵感上升到理性的高度。

现实生活和突如其来的灵感都是无法完全预知的，因而分析现实生活和记录灵感的文字也必然是无法完全预知的。很多人可能都看过《阿甘正传》，里面有句话充满了哲理：人生就像一盒巧克力，我们永远不知道下一块是什么口味。与之类似，一旦开始写公众号文章，即便写完这一期，也不知道下一期会写什么！

回看以前写的公众号文章，我非常确信，有些文章，即便给我再多的时间，我也不可能再将其完全复制出来。我希望，这里的每一篇文章，对读者，也对我自己，都是一颗好吃且口味不可预知的理性巧克力。

再次感谢每一位师长、同学、群友和粉丝们的大力支持，感谢你们的点赞、打赏和留言，更感谢你们的转发。正是因为你们的大力支持，本公众号的粉丝开始"数以万计"。

或许有人会认为，写公众号文章对我来说是不务正业，这于我无损，因为我自觉在做对的事情；或许也有人认为，我写公众号文章是要成为"网红"，若真是这样，我将乐见其成，因为成为"网红"后，普及工作将变得更加容易！

经济学导言

经济学,假装是科学!

经济学在中国是一个奇葩的存在。一方面,人们将经济学视为显学,也将其捧为社会科学皇冠上的明珠,在所有的社会科学中,只有经济学拥有至高无上的诺贝尔奖。但另一方面,经济学家又常被诟病,因为媒体上忙活着许许多多、形形色色的经济学"砖家","雷人雷语"时有所闻。

与物理学等自然科学相比,经济学的一大特色就是缺乏共识。经济学家有个自我揶揄的笑话是:两个经济学家至少有三种观点。

既然经济学似乎很重要,又似乎很不靠谱,那我们就很有必要讨论一下经济学的科学性、经济学家的可靠性,以及通过何种方式可以提高经济学的科学性及经济学家的可靠性。

讨论科学性,最好的起点无疑是卡尔·波普。他将科学进步看作一个不断"猜想与反驳"的过程。对于某种自然现象或者社会现象,研究者可以提出某种理论予以解释,然后再收集经验证据进一步检验理论的可靠性。现实中,上述过程通常是交叉进行的,人们既可以从理论构建到经验证据,也可以从经验证据到理论构建。

但无论如何,有两点值得强调:第一,任何科学的理论首先必须是逻辑自洽的。逻辑自洽的理论不一定对，但逻辑不自洽的理论肯定不对。第二，是否具有科学性的关键判据是看它是否可证伪。逻辑自洽但不可证伪者，可以归入神学或者信仰的范畴。根据哥德尔不完备定理，任何逻辑自洽的体系，必然存在一些命题是既不能被证明也不能被证伪的。所以，科学并不排斥信仰，但这不是本文主要讨论的话题。

波普关于科学性的定义是有破有立的。所谓"破"，是他认为理论是无法被"证实"的。即便我们一直都看到"天鹅是白的"，但这些证据依然不能证明"所有的天鹅都是白的"，因为明天就可能出现一只黑天鹅，这也就是所谓的休谟问题。所谓"立"，则是他要建立如上所述的"证伪主义"：一旦发现一只黑天鹅，就可以证伪"所有天鹅都是白的"这个理论。

波普的证伪主义实际上依赖于一个非常严格的假设，即必须存在可以用来证伪理论的"至善至真"证据。一旦这样的证据不存在，证伪主义也就无法成立了。

假设自然界或者人类社会存在某种先验的秩序或规律。需要强调，这实在是一个不可思议的猜测，谁能证明或者证伪这一点？给定这个假设，我们所构建的理论与观察到的自然现象或社会现象将具有这样的随机对应关系：越是逼近真理的理论越有可能获得更多的支持性证据；越是精确测度的经验证据越能与逼近真理的理论相契合。

作为研究者，我们总是在用可对可错的理论去阐释可对可错的经验事实；或者反过来说，我们总是在用可对可错的经验证据去检验可对可错的理论命题。理论命题和经验证据有五种可能的组合：

正确的理论与正确的证据——自洽；

正确的理论与错误的证据——矛盾；

错误的理论与正确的证据——矛盾；

错误的理论与错误的证据——矛盾；

错误的理论与错误的证据——自洽。

证伪主义有个关键假设，即经验证据是可靠的，因而只要理论预测与经验证据不自洽，理论就被"证伪"了。但科学发展的历史表明，经验证据本身的可靠性也是没有完全保证的。故证伪主义的可靠性，或者波普意义上任何一门学科的科学性，将最终依赖于经验证据的精确性和可靠性。

用经验证据去检验理论命题可能会犯两种意义上的错误：一种是"去真"错误，即否定了本来正确的理论命题；另一种则是"存误"错误，即接受了本来错误的理论命题。

套用罗素在《西方哲学史》（*The History of Western Philosophy*）中对哲学的看法，经济学是介于科学与神学之间的一门学科，其科学性高于神学，但比不上自然科学。

自然科学的研究对象是自然现象，针对某些理论预测，研究者可以设计并进行可控的重复试验。可控性和重复性意味着自然科学的经验证据具有更高的可靠性。某个人的实验结果若无法被其他人重复，则他的研究结论将不会被普遍认可。曾经轰动一时但惨淡收场的韩春雨基因编辑事件，就是一个生动的例证。

经济学的研究对象是人类社会及人们的选择行为，这为经济理论的经验检验带来了本质性的困难。首先，因为每个人只有一次生命且长度有限，经济学研究所能收集的经验证据就必然是不可重复的。其次，与氢原子不会对原子物理学的科学进展做出反应不同，人具有主观能动性，他们作为经济学的研究对象，能学习经济学的研究成果并对其做出反应，进而让原本有效的经验证据最终趋于无效。以制定经济政策为例，任何时候，"最优"的经济政策都是基于当时的参数得到的；政策一旦推行，参数则必然会因为"上有政策，下有对策"而发生变化，进而让原本有效的政策措施变得不合时宜，这就是著名的"卢卡斯批判"的真义。最后，人的决策受很多难以量化甚至不可察觉的因素的影响，因而如哈耶克曾指出，经济学是"本质上复杂的"（essentially complex），无法做严格的可控实验，因而也就无法得到物理学那样的精确知识。

不过，现在随着数字技术和互联网的大发展，经济学的科学性前所未有地增加了。人们生活、工作，以及交易的许多选择行为都被诸如阿里巴巴、腾讯、百度、谷歌、亚马逊和脸书等互联网公司"编码"记录下来，形成了海量的微观大数据。借助这些大数据，以及快速提高的运算能力和更加先进的数据处理方法，许多本来无法检验的经济学命题逐渐变得可以被检验了。原来不可测的变得可测，原来无法检验的变得可以检验，也就是说科学性提高了。

不过在中国经济学研究科学化的道路上，依然有一个显著的制度障碍，即数据的公开披露问题。司空见惯的一个现象是，尽管我们在杂志等各类媒体上可以看到很多经验性的经济学研究成果，但因为数据不公开、不可得，读者甚至是审稿人往往都无从检验这些结论是否真的科学可靠。这种研究数据的不公开会造成多方面的效率损失：

第一，浪费性的重复投资。针对类似的研究主题，不同的研究团队必须不断地重复投资去获得本质上相同的数据。尤其值得一提的是，有些数据本来是花费公帑得到的，实际上却被少数人据为私有，造成了不必要的数据垄断。

第二，或许更加严重的是，一旦数据不公开，基于这些数据所得结论的科学性将失去根基。经济学界之所以有如此之多的"雷人雷语"，盖因如此。对有些人而言，既然通过数据保密策略可以让别人无法检验他的结论是否可靠，他就有胆量拍脑袋胡说八道，或者只是选择性地披露那些对自己有利的经验证据。

窃以为，因为数据保密或者垄断而导致的决策不科学，是中国经济政策制定中面临的一个重大问题。一如人们所见，科学性越低的学科中不靠谱的"砖家"越多。没有了科学判据，专家遇到"砖家"，就像秀才遇到兵，有理说不清。实际上更有可能出现的情况是"黄钟毁弃，瓦釜雷鸣"，相比于谨言慎行的专家，"砖家"因为"无知无畏"而危言耸听，反倒更能引起社会大众的广泛关注。不过解决这个问题的思路也是显而易见的，即对于那些由公帑而得的、并不真正牵涉到国家机密的经济数据，予以公开披露，将其变成人人皆可获得和使用的公共品。太阳一出来，乌云自然散去。数据一旦公开，妄图通过操纵数据而误国误民的"妖魔鬼怪"自然也将无处藏身。

简言之，经济学的科学性取决于经济学数据的可靠性；没有公开可靠的经济数据，经济学只是一门社会学科，而不是一门社会科学，或者只能"假装是科学"。所以，为了经济学及经济政策的科学性，倡导数据公开，鼓励数据公开吧。

2018 年 8 月 19 日

经济学并非无聊的数学规划，凯恩斯不是凯恩斯主义者

经济学是唯一设有诺贝尔奖的社会科学，也因此被称为社会科学皇冠上的明珠；而之所以如此，很重要的一个原因是主流经济学有一个强大的、一以贯之的理性分析范式，即约束最优化。在这个范式下，人们拥有超级理性，运算能力无限，因此不管约束最优化多么复杂，理性人总是可以立即准确地得到最优结果。

正因如此，在各种社会科学中，经济学是数学化最为厉害的。许多经济学论文中使用的数学工具，甚至可以令自然科学家难以望其项背。实际上，许多成就斐然的诺贝尔经济学奖获得者同时也是数学家。

关于经济学数学化的利弊，2014年经济学诺贝尔经济学奖获得者让·梯若尔在他的普及著作《公共利益经济学》中做了精辟的阐释。它的好处是，经济分析从假设到结论都是有清晰定义的，因而绝少因为语言模糊而产生各种争论，进而更有可能实现"站在巨人肩膀上"的累积创新。在任何时点，针对某个研究领域，人们可以很清楚地知道"前沿"在哪里，哪些问题已经解决了，哪些问题还没有解决，而一旦发现了新的问题，

或者解决了前人尚未解决的问题,就是重要的学术创新。

但是,数学化也会给经济学造成潜在的严重伤害。正如物体总是向着阻力最小的方向运动一样,被数学化范式绑架的经济学,也会向着数学化阻力最小的方向发展。由此导致的结果是,人们在选择经济学的研究主题时,就可能不是考虑问题本身的重要性,而是看哪些问题更容易被数学化。

不可否认,很多重要的经济学问题是既重要又可以被数学化的;但还有大量的经济学问题,虽然极其重要,但是本质上难以用数学方式予以刻画。

遇到这类难题,从使用数学分析工具的角度看,人们不外乎有两种选择:一是"惹不起躲得起",既然难以用数学方式刻画,那就不研究了吧!二是"削足适履",既然符合真实世界运行的方式难以用数学方法刻画,那就采取一个不符合现实但可以适用数学工具的假设吧!至于内心对于不靠谱假设的担忧,总是可以用"不失一般性"(without loss of generality)、"无害的"(innocuous)之类托词予以掩盖的。

综合上述两个方面,经济学数学化的利弊可以这样来阐释:对于马克思、凯恩斯、哈耶克、加尔布雷斯等人的某段表述,不同的人可能有完全不同的解读;但对于萨缪尔森、阿罗、马斯金等人的众多经济学模型真实含义的理解,通常是没有什么歧义的。的确,只要你数学好一点,你一定会清楚阿罗是如何从他的假设得出著名的"阿罗不可能性定理"的。但试着读一下下面这句加尔布雷斯的名言,我相信,不管你英文有多好、学识有多高,对于这段话,你真的不知道他到底想讲什么。

Under capitalism, man exploits man. Under communism, it's

just the opposite.

这段话的字面翻译似乎是：在资本主义下，人剥削人；在共产主义下，这恰好相反。但这个"恰好相反"又意欲何指？一种可能的解释是，既然在资本主义下"人剥削人"，那么，"恰好相反"就意味着在共产主义下人人平等，没有任何"人剥削人"的情况。而另一种同样成立的解释是，在资本主义下是 A 剥削 B，那么，"恰好相反"就意味着在共产主义下是"剥削剥夺者"，所以是 B 剥削 A。

进一步来说，"exploit"一词在英文中不但有"剥削"的含义，还有"利用""开发"等意思，这句话或许又可以这样来解读：在资本主义下，每个人的价值是通过"外在的"雇佣关系而开发出来的；而在共产主义下，劳动成为人们的第一需要，每个人都到达了"自由王国"，其价值完全是"自我发挥"的结果。

鉴于加尔布雷斯已经作古，我们永远无法知道他的"恰好相反"的真实含义了。

对凯恩斯的解读亦是如此。针对 1929 年经济大危机，凯恩斯写下了巨著《就业、利息和货币通论》(*The General Theory of Employment, Interest and Money*，以下简称"《通论》"），并开创了现代宏观经济学。但读过《通论》的人都知道，这本书并不好懂。这时候，约翰·希克斯爵士，也就是和肯尼斯·阿罗同年荣膺诺贝尔经济学奖的那位经济学大神闪亮登场了。他以无与伦比的化繁为简的功力，从《通论》中提炼总结出了著名的 IS-LM 模型，这个模型不但让理解《通论》变得容易，而且也成为积极干预市场的基本分析框架。

但是，面对 IS-LM 模型，凯恩斯估计只能说他自己并非"凯恩斯主义者"。的确，没有了"动物精神"（animal spirits）的"凯恩斯主义"是后来者的"凯恩斯主义"，而非凯恩斯的"凯恩斯主义"。看看"贪欲""动物精神""选美理论"及"非理性繁荣"（irrational exuberance）在金融泡沫催生或破灭过程中的关键作用，你就知道这种"简化"真的不是"无害的"，而是切掉理论命根子的无情"阉割"。

当然，经济学本身也不是铁板一块，除了主流的新古典经济学，还有其他各种各样的"持不同政见者"。这种"门派林立"的事实就表明，经济学在很大程度上只是一门社会学科，而非社会科学。的确，按照卡尔·波普的定义，科学进展是一个在理论建构和经验证据之间不断猜想与反驳的过程，而科学化的过程就是将不可测的东西变得可测，将原来可测的东西测得更加准确。最终，任何一门学科的科学性，在本质上就取决于其经验证据的精确性和可靠性。

我们之所以认为物理学是"硬核"的科学，就是因为物理学在很大程度上可以做可控实验，因而物理学经验证据的精确性和可靠性很高。与之相比，经济学之所以更像是"软科学"是因为在经济学研究中难以找到真正的"自然实验"，而且如著名的"卢卡斯批判"所述，人作为经济学的研究对象，会对各种经济政策做出预期和反应，并最终导致这些政策干预趋于失效。

所以，即使采取了数学化的表述方式，或者数学化程度很高，经济学都无法改变其作为一门社会学科的本质。换句话说，即使借助于数学化的形式和外衣，经济学只能假装是科学。

如上所述，按照莱昂内尔·罗宾斯的梳理，新古典经济学的精髓就是约束最优化。这种一以贯之的理性分析范式极其强大，经济学家借此不断"入侵"婚姻、家庭、歧视、文化、政治等传统上不属于经济学家的研究领域，造就了所谓的"经济学帝国主义"。正是在这种约束最优化的分析范式下，经济分析变成了无聊的数学规划，经济学也变成了经济学家自我解嘲的"沉闷科学"（dismal science）。

按照奥地利学派尤其是冯·米塞斯的批评，新古典分析范式最大的问题是抽象掉了"企业家"（entrepreneur）和"企业家精神"（entrepreneurship）在日常生活和经济发展中的关键作用。对于企业家和企业家精神，不同的人有不同的理解，在我看来，其本质功能是发现和实现经济体系中隐藏的各种"套利机会"（arbitrage）。

套利机会是指在现行的价格体系下，某些新颖的组合方式能够使得产出价值大于投入成本。这可以表现为柯兹纳所强调的、而被普通人视而不见的"低买高卖"机会；也可以表现为熊彼特意义上的创新，即形成了新产品、新市场、新过程等。

如果经济问题只是求解约束最优化，而且不论这个约束最优化问题有多复杂，每个人都能随时随地求解出来，我们将很难理解企业家到底会有何过人之处。但从现实来看，估计很少有人会否认企业家对于产业发展和创新过程的核心作用。由此反过来也说明，新古典分析范式或是将人假设的太过理性了，或是将经济问题的本质简单化了，或是兼而有之。即便假设人们可以随时求解自己面临的约束最优化问题，那么在我看来，比求解约束最优化更重要的事情是人们如何设立所追求的目标，以及如何看待所面临的约束。

目标设立的重要性自不待言，凡大成就者必是"志存高远"。如我们之前的分析，设立不同的目标在本质上是设立不同的"参考点"，而不同的参考点则对应于不同的视野和格局。牛人之所以牛，是因为他们既能在不同环境中找到最合适的短期参考点，同时又能永远铭记自己需要一以贯之的长期参考点。

更加微妙的是如何看待约束。尽管新古典经济学为了分析方便，主要考虑了"预算约束"（budget constraint），但在日常决策中，人们面临的更严重的约束或许是"时间约束"（time constraint）、"信息约束"（information constraint）和"有限理性约束"（bounded rationality）。这三者既相互关联，又各有差别。受时间限制，在任何时点上我们都不可能收集充分的决策信息，因而总是或多或少地处于"不知道自己不知道什么"的窘境。但是即便假设我们有充分的时间，考虑到社会博弈极其复杂而大脑处理信息的能力又是有限的，我们还是无法达到拥有充分信息和完全理性的状态。

正如奥地利学派的代表人物哈耶克所认为的，社会总是处于人们不断相互学习（mutual learning）的演化进程之中，因而根本就不存在新古典经济学所刻画的均衡状态。可以设想，在任何时点，只要决策者的信息集发生变化，其"最优决策"也就会随之发生变化；但很显然，由于相互博弈、时间有限及信息沟通成本，所有人的信息集完全"连通"的状态永远都不可能实现。

一旦引入了有限理性，即可发现最优化范式的一大弊端是将约束条件看成"消极的"（passive）和"静态的"（static），因为它要求人们只能在既定的约束条件下寻找最优的解决方案。但无数案例表明，具有企业家精神的人为了实现自己的既定目标，会对约束采取"攻坚克难"甚至是"见佛杀佛"的积极态度。

西谚有云，汝之蜜糖，彼之砒霜（One man's meat is another man's poison）；类似的道理，普通人眼中的约束和障碍，可能是企业家眼中的机会和利润。这里必须赞叹马云：很多年前，当其他人抱怨中国的商业成本太高时，他看到了"让天下没有难做的生意"这一巨大机会。

简单地总结：经济学不是给定目标和约束下的无聊的数学规划，它最好玩之处在于如何确立目标、如何看待约束。从企业家精神的角度看，经济学绝不止于解释，而应该是一个知行合一的行动方案。

2019 年 2 月 2 日

经济学的"知行合一"

如果你没有学过经济学，那从今天开始，我们将一起踏进经济学帝国的大门，了解经济学到底是怎样的一门学科，以及理解和掌握了经济学思维和经济分析方法，又会对你有什么样的帮助。

首先需要阐释的一个名词叫"经济学帝国主义"。若将每个学科看作一个"王国"，经济学则凭借其强大的理性分析范式，展示出了不断侵略扩张的"帝国主义"特性。经济学的分析范围不仅包括人们平常认知中的经济问题，还包括诸如家庭、身份、政党等属于社会学和政治学等其他"王国"的一些问题。前一篇文章中提到，经济学的这个理性分析范式就是五个字：约束最优化。或者说，经济学被定义为研究稀缺资源如何有效配置的一门学科，其中稀缺就意味着约束，有效就意味着最优化。

所以，要用经济学思维武装自己，首先需要明白一件事，即自己的目标到底是什么？同时还必须明白，要实现这个目标又面临哪些约束条件？

所谓最优决策，就是在所有的可行方案中选择那个对你来说最好的方案。从决策者的角度看，只有目标而不考虑约束条件，或者只知道约束条件却不清楚自己的目标是什么，都不算具备经济学思维。

主流的经济学教科书主要强调了预算约束。预算约束的含义是在生产和消费决策中，人们只能购买其担负得起的商品或者服务。故可支配收入越多，选择范围越大。

预算约束的重要性显而易见，这里不做过多讨论；这里需要强调的是有限理性约束，这个约束经常被人们忽略，但对于决策者或许更加重要。

为什么人的理性是有限的？

第一，人的时间是有限的。不管一个人多富有，一天也都只有二十四个小时。

第二，一个人智商再高，也不可能什么都知道、什么都记得、事事都考虑得完美无缺。我们常常面临的困境是必须在很短的时间内依据有限的信息做出决策，甚至是关键的决策。

这时候，我们既没有充分的时间去收集信息，也没有超级计算机那样的运算能力来处理信息。这意味着我们不可能像通常的经济学教科书中假设的那样，具有超级理性。因此，认识到有限理性是极其重要的。哈耶克曾说，人类最大的理性就是能够认识到自己的理性不足。一旦认识到自己的理性不足，我们就会明白，任何事情都追求尽善尽美，不但是做不到的，也是没有必要的。

曼昆在《经济学原理》（Principles of Economics）中列举了经济学十大原理，其中之一是"理性人考虑边际"。不管是企业的利润最大化，还是消费者的效用最大化，在最优解的地方（仅考虑"内解"），"一阶条件"必须满足，即必须有边际收益等于边际成本。对于任何受过现代经济学教育的人来说，这是个再自然不过的结论。但仔细思考一下，这个"理性人考虑边际"的结论实际上隐含了一个极其关键的假设，即在经济学模型中，"理性人"做决策是没有任何成本的，而且不管决策多复杂，都可以立即得到结论。

再次假设下，不管面对任何决策，理性人当然都是锱铢必较、不达最优誓不罢休的。但大多数人一定都清楚自己并不具有超级理性，人不但注意力（attention）是有限的，决策能力也是有限的。换句话说，即便假设人们试图追求"最优结果"，但也总是面临决策成本的。由此一个人推断其选择已经在最优解附近，那么这个人所遭受的损失最多是个二阶小量，但这时候如果一定要追求最优，其所需要增加的决策成本至少是一阶小量。因此，人们一旦认识到自己的理性不足，做决策就不会追求最优的结果，而是宁愿按照大拇指规则（rule of thumb）接受一个合意的结果就可以了。

追求最优和接受合意这两种选择代表了两种迥异的思维决策方式。接受合意意味着在做决策时候需要抓大放小，确保大方向不错，与其在小事上吹毛求疵，不如力争做到"吕端大事不糊涂"。

根据以上这些分析，站在决策者和行动者的角度来理解，经济学的本质又可以精炼为这样的两句话：做对的事情和把事情做对。注意，这两句话是有先后顺序的，先是做对的事情，这是第一重要的，然后以此为基础，需要考虑的是如何把事情做对。参照当代管理学大师沃伦·本尼斯的说法，做对的事情，体现的是领导力（leadership）的作用，而把事情做对，体现的则是管理（management）的作用。

十八世纪，有位著名的哲学家和经济学家叫大卫·休谟，他是苏格兰启蒙运动的主要代表人物。休谟在他的名著《人性论》（*A Treatise of Human Nature*）中深入探讨了激情（passion）和理性（reason）的关系。在他看来，激情是道，理性为径。也就是说，激情代表了目标和偏好，告诉人们应该做什么；而理性代表了工具和方式，告诉人们在给定目标和偏好的情况下，怎样做才是最好的。

有了这样的两分法，我们就很容易理解，为什么中国古代的圣贤书要不断地强调君子和小人的区别。"君子喻于义，小人喻于利""君子上达，小人下达"，可见这两种人的目标是有很大差异的。一个人目标如何，会对他的行为选择产生重要的影响。同样是读书，有人说"书中自有黄金屋"，有人说"书中自有颜如玉"，而周恩来总理小时候立下的志向则是为中华之崛起而读书。不同的目标，意味着不同的人生轨迹。

美国心理学家马斯洛有一个著名的理论，叫需求层次论，认为人类的需求像阶梯一样，从低到高可以分为五个层次，即生理需求、安全需求、社交需求、尊重需求和自我实现需求。简言之，不同的人，目标可能是不一样的；即便是同一个人，处在不同环境、不同时点，或者不同的人生阶段，他的目标也可能会随之而发生变化。

明代有个大思想家叫王阳明，他作为心学大师强调"知行合一"。我认为，"知行合一"也应该成为经济学的精髓。我希望诸位，当然也包括我自己，应该将学习经济学看作一个知行合一的过程，将经济学的智慧应用到现实生活之中，做一个行动家，而不是只会发表"事后之见"的阐释者。

大家不要认为经济学家在"知行合一"上有共识，远非如此。经济学家或许是最没有共识的一个知识群体。著名的经济学家张五常先生就对经济学的功能有不同的理解。他著有厚厚几大本书，叫《经济解释》。他认为经济学的核心功能在于经济解释，即用经济学的原理或者工具去解释我们观察到的各种社会或经济现象。

用经济学解释各种社会或经济现象当然是很重要的，但我觉得这远远不够。学习经济学要做到知行合一，就不应该仅仅满足于经济解释。如前所述，知道了经济学道理，却不去实践，实际上相当于不知道。"纸上得来终觉浅，绝知此事要躬行"。理论必须接受实践的检验；理论指导实践，实践升华理论。从知行合一的角度来看，理论研究和实践检验本来就是一回事，都是探寻真知的过程。

有意思的是，张五常先生虽然大力主张经济解释，但是实际上是"言不由衷"的。我有幸听过他的很多报告，窃以为他是华人经济学家中"知行合一"的典范。改革开放之初，张五常先生就用他大道至简的经济学分析框架，准确预测了中国经济的未来走向。几十年过去，不管是在他的著作《中国的经济制度》中，还是在他的众多演讲中，他对此都是最引以为傲的。

做对的事情，把事情做对。把事情做对固然重要，但做对的事情更加重要。只要是做对的事情，哪怕做得慢一点，最终也不会差太多；要是做的事情不对，再努力也无济于事，好一点事倍功半，而更多的时候则是越努力错得越离谱。南辕北辙讲的就是这个道理。

再讲一个网上广为流传的故事，它也非常生动地阐释了这个道理。在改革开放初期的 1984 年，一个北京人怀揣着出国梦，卖了自家在鼓楼大街的四合院凑了 30 万，背井离乡到意大利淘金。那个时候中国很穷，而发达国家人均收入和消费水平都很高，因此去海外淘金是很多人的梦想。若你看过《北京人在纽约》或《上海人在东京》，应该不难感受到改革开放初期中国人出国淘金的典型心态。去海外淘金听起来是个精明的跨国套利计划。与寅吃卯粮的西方人不同，中国人喜欢省钱、存钱，同样是省百分之二十，在高工资、高消费的地方省下来的钱，肯定比在低工资、低消费的地方省下来的钱更多。所以这个北京哥们儿的想法是先把中国的资产卖掉，到高工资、高消费的发达国家挣钱、省钱，等攒够了钱再回到低工资、低消费的中国，摇身一变成为人人羡慕的超级土豪，岂不妙哉！因为对多数中国人来说，海外淘金只是权宜之计，荣归故里才是心之所系。

岁月如梭，转眼三十年过去了。中间过程不细说，大致是这哥们儿先在中国城的餐馆打工，然后自己开了个中餐馆，靠着华人特有的精打细算和辛苦打拼，总算攒下了 100 万欧元，按当时的汇率折算，这大概是人民币 768 万元。这个数字，即便放在现在的意大利，也不是一个小数。于是，他决定携这笔巨款回国，计划先买套房子，然后用剩下的钱颐养天年。但一回北京，他发现当年卖掉的四合院如今中介挂牌价已高达 8 000 万元，刹那间崩溃了。三十年风里来雨里去，辛辛苦苦打拼的结果，还不如老老实实捂着自家的四合院。

尽管是"事后诸葛亮"，但我们还是要分析一下这位北京哥们儿的问题到底出在哪里？作为知行合一的决策人，首先是要做对的事情，然后是把事情做对。从前面的故事描述可以发现，给定这哥们儿已经卖掉了北京四合院，漂洋过海来到意大利，开饭馆不失为最佳选择；同时，给定开餐馆这个选择，这哥们儿也不可谓不努力、不可谓不精明。所以，问题不是出在把事情做对上面，而是他一开始就没有做对的事情。

1978年，中共中央召开十一届三中全会，中国自此走上了改革开放的道路，在随后的几十年中，中国成了世界上经济增长最快的国家。在这种情况下，决策人如果有洞悉时势的大格局，那么就应该知道，手持房产待在欣欣向荣的中国，比跑去经济"半死不活"的意大利开饭店，有更大机会享受经济增长的巨大红利。按照经济规律，当一个国家的经济高速增长时，大城市，尤其是诸如北京、上海这类一线大城市的房产增值空间是最大的。因为与资本、劳动等其他生产要素相比，大城市的土地会成为日渐稀缺的不可流动要素。所以，其他竞争性行业所创造的社会价值，有很大一部分都会沉淀在这些日渐稀缺的不可流动要素上，如房地产。

身处局中看机会，总像雾里看花看不清。这时候，马云的话就非常有启发性：普通人看到只会予以抱怨的问题，在企业家眼中则是可以获利的市场机会。所以，在寻找"对的事情"时，最重要的一点就是寻找社会最亟待解决的问题。改革开放之初，中国的城市人住房面积很小，城市化方兴未艾，后来，随着按揭贷款的引入，人们改善住房的需求集中释放，房价上涨就成为不可阻挡的趋势。在此大势下，中国涌现了以万科为代表的一大批高速成长的房地产公司。反过来说，这些房地产公司之所以能高速发展，正是因为它们帮助改善和解决了中国城市居民的住房问题。

北京这个哥们儿的例子生动地告诉我们，一旦方向看偏、事情做错，最好的结果也不过是瞎忙活、事倍功半，更多的时候则是越努力输得越多。

著名的咨询专家史蒂芬·柯维写过一本书叫《高效能人士的七个习惯》(*The 7 Habits of Highly Effective People*)，这本书在很长一段时间内占据着《纽约时报》最佳书籍榜的榜首。在这本书中，史蒂芬·柯维写道，他研究过众多成功者，试图寻找这些人有哪些共同点。结果发现，人们通常强调的一些因素，比如努力、聪明、家庭背景等都与成功关系不大。但成功人士们的最大共同之处是他们永远都把最重要的事情放在第一位，他们时刻都在思索到底什么是他们需要做的最重要的事情，然后考虑如何贯彻落实这些事情。

学习经济学必须知行合一，激情是道、理性为径。曾子说"吾日三省吾身"，也需要时刻自我反省，首先问自己是否在做对的事情，然后再问自己是否在把事情做对。

2018 年 8 月 21 日

从多巴胺到非理性决策

经济学研究人的选择，而经济学的知行合一要求我们作为决策者必须先做对的事情，然后才是把事情做对。给定时间精力有限，我们需要把主要精力放在那些大的、重要的事情上面，而不应该在小的、次要的事情上过多纠缠，即通常所谓的抓大放小。这也符合《矛盾论》的精髓，我们应该将主要精力放在主要矛盾上，而不是次要矛盾上。

但在现实生活中，我们通常不是如此理性的。英文中有个谚语"Penny wise, pound foolish"，翻译成汉语可以是"小聪明，大糊涂"，意思是说很多人在"一便士"之类的小事上斤斤计较，显得非常精明，但在"一英镑"级别的大事上时常粗心大意，显得有些愚蠢。比如说，很多人在日常买菜的时候总会耗时耗力地讨价还价一番，在买股票时却非常冲动，随便听到一个"内幕消息"便重仓杀入，脑海里想的是大赚特赚，到头来却十有八九被人当"韭菜"割了。两相对比，"非理性"显而易见。给定时间有限，人们应该把更多的时间投入到研究和核实"内幕消息"上，而不是花在鸡毛蒜皮的讨价还价上；因为每天买菜的钱，与重仓股票价格些许波动所牵涉的资金相比，真可谓小巫见大巫了。

作为决策者,我们当然希望避免非理性行为,但之所以时常做不到"抓大放小",显然不是因为我们不希望"抓大放小",而是因为在具体的决策环境中,我们往往难以做大小之辩或主次之分。

所谓存在的就是合理的,各种非理性行为之所以能够持续存在,必然是因为一些基础性机制在起作用。只有认清这些基础性机制到底是什么,我们才有可能让决策变得更加理性。

需要理解的核心问题是,我们的决策中心——大脑,是如何构建"报酬体系"(reward system)的,即到底是什么因素决定了我们在决策过程中对轻重缓急的判断?许多人认为,是我们的阅历和对未来的期望决定了我们对"快乐"和"痛苦"的认知,以及我们对轻重缓急的判断。这种阐释听起来非常符合常识,也富有哲学意味,但与神经科学及行为经济学的研究结论并不一致。神经科学和行为经济学的最新研究表明,我们的大脑所设定的"报酬体系"与"快乐"或"痛苦"本身并不相关,而是与"快乐"或"痛苦"的变化有关。

从神经科学的角度看,我们的"有意识"决策是一个信息收集和处理的过程。我们的感官系统是一系列功能不同的传感器(眼耳鼻舌身意),它们将感知到的外界信息(色声香味触法)转化成生物电信号并通过神经系统传导到大脑;大脑再根据其预先设定的"模糊算法"对这些生物电信号进行处理,判断轻重缓急,权衡利弊得失,最终做出相应的"最优选择"。

如此看来,我们时常显得冲动或非理性是因为我们大脑决策体系所认可的"最优选择",至少从长期来看,并不真正符合我们的自身利益。也就是说,我们大脑所设定的"报酬体系"

对事物重要性的评价,与我们置身其中的环境或社会对事物重要性的评价并不一致。

具体的缘由要从神经元（neurons）说起。神经元是大脑中负责处理信息的细胞,而我们的大脑包括大概1 000亿个直接或间接彼此联通的神经元。每个神经元从其他神经元获取信号、集成信号,再向大脑的其他部分传递新的信号。这是一个非常复杂的过程,详细的描述超出了本人的知识领域,感兴趣的读者可以参考相关的专业书籍。在这大约1 000亿个神经元中,实际上只有100多万个位于中脑腹侧被盖区（ventral tegmental area, VTA）的神经元对我们的决策能力具有决定性影响。在这些神经元内部,信号以生物电流的方式沿着神经元的膜壁（membrane wall）流动。一个神经元给其他神经元发送信号时,这些信号会从居于神经元中心的细胞体传输到神经轴突（axon）。这些信号的传输速度有快有慢。有时候,神经元一秒钟只发几个信号;而还有一些时候,它们会变得非常活跃,一秒钟能发出很多信号。神经科学家将此称为神经元的放电率（firing rate）。在神经科学研究中,人们正是通过将非常细微的电线插入到大脑贴近这些神经元的地方,来记录这些信号并将其输入电脑。

这里需要特别强调多巴胺能神经元。这是一种通过化学物质多巴胺与其他神经元进行信息交流的特殊神经元。每次电流信号沿着神经元流动,会在神经元之间的叫作突触（synapse）的裂口处终结,然后激发释放化学物质多巴胺。这些多巴胺会被相邻的神经元吸收,并提高这些神经元的活跃程度。

长期以来,人们已经知道多巴胺能神经元对于运动和行为的关键作用。例如，帕金森病患者的手脚会不由自主地抖动，身体会变得僵硬，还会产生无法控制的剧烈震颤；而脑干多巴胺能神经元的退化就被认定为帕金森病的标志性特征。现在，神经科学家知道多巴胺能神经元还有一个影响大脑价值判断的重要功能，即多巴胺能神经元损伤会导致所谓的"报酬预测误差"（reward prediction error）。

20世纪90年代，神经科学家沃尔弗拉姆·舒尔茨做过一个著名的研究。他将非常细微的电线植入猴子的中脑腹侧被盖区；这样，在猴子得到诸如果汁之类的奖励时，他就可以记录下猴子中脑腹侧被盖区神经元的信号变化。舒尔茨发现，当猴子得到果汁或者收到将得到果汁的提示信号时，多巴胺能神经元的放电率会增加；而当猴子没有得到预期的果汁时，其放电率则会下降。

这个实验的意义非常重要，它校正了人们对多巴胺的常规认识。长久以来，多巴胺经常被称为大脑的"欢愉化学物质"，意指多巴胺是对欢愉或痛苦做出反应，但这个实验表明，多巴胺能神经元不是对报酬（欢愉或痛苦）本身做出反应，而是对"超预期"，即对期望与现实的差异做出反应。报酬预测误差导致了许多人们所熟知的宏观表现。例如，资本市场中一个显著的特征是投资者们往往关注的不是投资标的基本面，而是基本面的"超预期"变化，而这恰好可以解释垃圾股满天飞的"反常"现象。正因为垃圾股的技术业绩很差，稍微有所改进就会大大地超预期。接下来，我们就来讨论何为超预期，这牵涉两个关键因素：

第一，必须有一个比较基准，即参考点。没有参考点，就无所谓差异；没有预期，也就无所谓超预期。我们通常说珠穆朗玛峰的高度约为8 848米,那是取了海平面为参考点,但若以珠峰大本营为基准,其高度就会低很多。

第二,神经元对差异感知的敏感度。任何传感器都有其精度,精度低的只能感知比较粗略的变化,而精度高的则可以感知比较细微的变化。只有当外部的变化幅度超过神经元的感知精度之后,神经元才能察觉到这种变化,进而大脑才有可能对此做出决策反应。

将青蛙扔到热水里,它一下就蹦出来了,因为温度变化太大,所以青蛙能够获得极其强烈的感知;但用温水煮青蛙,则在任何时点,水温变化的幅度都小于青蛙的感知精度,乃至于最后青蛙被活活煮死。

十九世纪中叶,心理学的重要奠基人恩斯特·韦伯做了一个非常重要的科学实验,并得到了以其名字命名的韦伯定律。这个实验极其简单:他将实验者带入实验室,其中有两个外形相同但重量稍有差异的物体A和B,他要求实验者依次拿起和放下两个物体,然后让他们判断物体A和B是否有重量差异,以及孰重孰轻。结果发现,若以物体A和B的平均重量为参考基准,只有当重量差异超过参考基准的某个恒常比例(通常为2%—3%)时,人们才能准确一致地判断出两个物体孰轻孰重,这就是所谓的韦伯定律。举例来说,给定两个物体的重量相差1两,通常来说,人们能感知2斤与2斤1两的差别,却无法区分20斤与20斤1两。因为相对于2斤的参考点,1两意味着5%的差异;而相对于20斤的参考点,1两仅意味着0.5%的差异,其感知精度要求远远高于普通人2%—3%的范围。

韦伯定律的重要性在于它将人们决策的精度与标度(range)

有机关联起来了，由此就可以推导出所谓的"标度效应"：当我们关注小问题时，它所牵涉到的价值标度很小，按比例计算，这时候我们所做决策的精度也就非常高；但当我们关注大问题时，它所牵涉到的价值标度很大，按比例计算，这时候我们所做决策的精度，从绝对量角度来看，就会比较粗糙。我们可以从大脑感知世界和处理信息的方式更加深入地理解标度效应。

从前面的介绍可知，神经元是大脑进行信息处理的基本单元。神经元之间通过电流信号相互沟通，而绝大多数神经元的放电率范围都非常有限。比如说，缓慢放电是每秒一次左右，而快速放电是每秒一百次左右，从慢到快相差一百倍，变化范围非常有限。而我们生活的世界是五彩斑斓、变化莫测的。从星光暗淡的深夜到艳阳高照的白昼，亮度变化的倍数以百万计；同样，从蚊蝇的翅膀扇动到霹雳发生的天崩地裂，声音变化的倍数也数以百万计。这就意味着，面对现实世界，我们的大脑时而要处理非常微弱的外部刺激，时而要处理非常强烈的外部刺激，同时还要适应外部刺激从弱到强或者从强到弱的突然变化。

那么，我们的大脑如何才能用放电率范围非常有限的神经元来应对变化近乎无穷的外部世界？挑战显而易见，从星夜到白昼，光亮增强了百万倍，神经元的放电率却没办法相应地增加百万倍。反过来也一样，从白昼到星夜，光亮减弱了百万倍，神经元的放电率也没办法相应地降低百万倍。面对上述挑战，我们大脑给出的解决方案是：既然神经元的放电率不能做到同步变化，那就通过改变参考点来重新对标，可以这样来理解：

假设神经元的放电率范围是每秒 1—100 次，星夜的亮度范围是 0—1，而白昼的亮度范围是 0—10 000 000。身处星夜，大脑将以每秒 50 次的放电率对标于 0.5 的亮度，以此为参考点，人们可以感知到非常微弱的亮度变化；而身处白昼，大脑将以每秒 50 次的放电率对标于 5 000 000 的亮度，以此为参考点，人们可以适应很大范围的亮度变化。

正是通过改变参考点和重新对标，大脑做到了以有限应对无限。这种适应外部世界的解决方案是生物进化和自然选择的结果，非常奇妙。但这种适应策略并非没有代价。以有限应对无限必然面临着精度与尺度的问题，要么赢得了尺度、损失了精度，要么赢得了精度、损失了尺度。人们的许多非理性行为都与标度效应相关，之前提到的买菜很计较而买股票很冲动就是一个典型的例子。

从小尺度变到大尺度，虽然我们感知差异的相对比例保持不变，但从绝对量的角度看，决策精度是大大下降了。10 块钱，对于日常买菜来说是非常显著的差异，但对于买股票则几乎让人察觉不到。所以，一个平常生活在小尺度的人一旦进入赌场，随着赌注参考点变高，他很有可能会显得异常大方，全然忘记这里的筹码波动完全超出了自己实际的承受能力。

从大尺度变到小尺度，以参考点按比例感知差异，从绝对量的角度看，绝对精度是大大提高了，但与之对应的风险是人们可能会"只见树木而不见森林"，深陷琐碎事务而忘记大势格局。苏东坡是有禅意的人，一句"不识庐山真面目，只缘身在此山中"便道尽了个中究竟。

做对的事情，代表的是决策格局、战略、方向和领导力，要求我们选择大尺度参考点；把事情做对，代表的是决策精度、管理、战术和执行力,要求我们选择小尺度参考点。

古人云"夫志当存高远",其落脚点就是要塑造"君子"的大格局。没有大格局指引,人们便会随波逐流;有了大格局,人们才会做到"一箪食,一瓢饮,在陋巷,人不堪其忧,回也不改其乐"。韩信之所以可以忍受胯下之辱,是因为他胸怀大志,懂得小不忍则乱大谋。但凡事讲辩证,光有大尺度参考点,没有小尺度参考点,则不免会陷入好高骛远、志大才疏的尴尬境地。是故,毛泽东既强调要在"战略上藐视敌人",也强调必须在"战术上重视敌人"。我们经常听到这样的辩题:有人说,一屋不扫,何以扫天下?也有人说,扫天下者,何须扫一屋?从参考点的角度来看,偏执于任何一种观点,皆不可取。合理的行为方式或许是有扫天下之志能者,虽扫一屋,亦不可忘却扫天下之志能也。反过来,以扫天下之志能而扫一屋,可谓小试牛刀,实有以小见大之功。

诺贝尔经济学奖获得者丹尼尔·卡尼曼也在其著作《思考,快与慢》(Thinking: Fast and Slow)中详细阐释了大脑的决策机制。基于大量的前期研究,他认为人类在演化过程中,大脑实际上形成了两套思维决策体系:首先是所谓的"快系统",它是自动快速运行的,几乎很难或无法控制;其次是所谓的"慢系统",它会将我们稀缺的注意力和计算力分配到必须经过有意识的思考才能解决的问题上,比如复杂的统计运算等。

之所以需要快系统,是因为我们可能随时会面对一些必须立即做出反应的突发事件。比如当人们走进深山老林,突然看到有东西窜出或者听到巨大声响,第一反应基本都是"赶紧逃跑",尽快脱离这种充满不确定性(不知道自己不知道什么)的事发现场。这种几乎不经大脑思考的应激反应就是快系统运行的结果。当突发状况略有缓解后,快系统将会发挥第二个功能,即向慢系统汇报情况,以期获得更加理性的判断从而能够做到沉着冷静地应对。另外,快系统的反应质量并不完全是天生的,是可以通过后天的训练进行改善的。比如打乒乓球,激烈对战时的运动员看起来都是下意识击球的,这是因为通过不断重复的专业训练,这些运动员的步伐和肌肉都已产生了"记忆",使他们在面对许多情况时都能做出合理的"本能反应"。而比赛过程中运动员根据赛况进行有针对性的战术调整,则是慢系统在发挥作用了。

快系统和慢系统的有机组合实际上是构成了一个带有科层性质的决策体系,在注意力和决策能力都非常有限的约束下,兼顾了决策的速度和精度。不管是天生的还是后天训练的,快系统都有一个缺省的参考点及与之对应的"惯例",如果我们碰到决策精度范围之内的事情(比如在参考点附近波动在2%以内),快系统只需按照"惯例"操作即可,也不会向慢系统汇报;但一旦面对"超预期"的事情(比如在参考点附近波动超过3%),快系统除了做出不经大脑思考的及时反应,还会向慢系统发出警报,此时慢系统则投入稀缺的注意力和计算力做出后续反应。

卡尼曼指出,非理性行为的存在是因为人们的决策受到快系统的支配而不自知。这就意味着,不管是天生的还是后天训练的,快系统赖以运行的参考点和惯例是否靠谱将至关重要。那些厉害的人之所以厉害,就是因为他们可以在大尺度参考点和小尺度参考点之间恰如其分地自由切换。一方面,他们能够入乡随俗"到什么山上唱什么歌",按照特定的情景选择与之对应的短期参考点;另一方面,他们也能够"不忘初心,牢记使命",不管身处何地都能够做到"三省吾身",时刻提醒自己切不可忘记那些应该一以贯之的长期参考点。这种境界当然很难做到,但至少可以心向往之。

  知识就是力量。我们越清楚地了解非理性决策的产生原因,就越有可能修身养性,让决策更理性、生活更美好。

2018 年 8 月 23 日

不确定性下的义利观

我问过很多人这样一个问题:回顾过去,你觉得对你影响最大的那些事情,到底是有意而为之的,还是随机发生的?结果很好玩,绝大多数人稍加思索,都会说是随机决定的;聊得嗨的话,他们还会以切身经历,给出一些鲜活的例证。

从个体层面来说,人生轨迹犹如布朗运动,很难说有什么确定的规律存在。在难以预料的随机冲击下,无数的个体,生如夏花,落若秋叶,构成了纷繁复杂的大千世界。但从宏观层面来说,统计规律便悄然登场了。倘若说神秘主义旨在探究谁是"上帝的选民",统计规律则在于探究谁更有可能成为"上帝的选民"。

正如大物理学家马赫所言,科学与信仰并不矛盾。若将所有的现象视为一个集合,则有科学可以解释的,也有科学无法解释的;可以解释的归于科学,无法解释的归于信仰。科学与信仰结合起来,才可以构成一个完全集。

某种程度上,科学亦可以被视为一种信仰。著名的大师疑惑:这个世界居然是有规律的?!世界按照某种法则运行,谁可以保证这一点?似乎谁都不能保证这一点。所以,认为世间万物遵循规律,这本质上也是一种信仰。正是在这个信仰的支撑下,科学家们才孜孜以求,探索他们所希冀发现的自然规律或社会规律。倘若根本不存在什么客观规律,这些孜孜以求的努力便成了"蒸沙成饭"。

主流经济学强调理性,假设人们都是在约束条件下进行最优化选择。在这种理性分析框架下,给定目标和约束条件,剩下的工作就是机械的优化运算,然后得出一些"无关道德"的理性结论。正因如此,经济学也变成了"一门沉闷的科学"(a dismal science)。

张五常先生一直强调,经济学的本质在于阐释现象,而非指导实践。的确,虽然许多经济学家对现实做出过大胆预测,但是往往都被无情打脸。在一个企业家论坛上,马云先生说得更直白:"春江水暖鸭先知,假如企业家要去听经济学家去考虑经济未来的时候,这些企业家一半已经死掉了……企业家是对未来有兴趣,经济学家对昨天有兴趣,所以你让一个对昨天有兴趣的人去判断未来,这是悲哀。"① 果真如此,岂不悲夫?!

当然,事情并非全然如此。一方面,经济学并非如此沉闷,也并非止于解释,因为经济学在本质上是一门行动的科学,一如王阳明先生所倡导的那样,必须追求"知行合一"。另一方面,人们做事并非如此理性,"动物精神"时常会影响个人决策,甚至主导社会运行。

居于主流的新古典经济学之所以日益失去对现实的指导意义和预测功能,是因为它采取了非理性的超级理性假设(irrational rationality);而这种超级理性假设的本质则忽视了人类认

---

① 马云演讲视频 春江水暖鸭先知 [EB/OL]. (2017-03-11) [2019-01-28]. https://v.youku.com/v_show/id_XMjYyOTcxOTMwNA==.html?

知和运算能力的本征约束。

之前已经说明，我们的大脑里面参与决策行为的神经元实际上也就两百多万个，而我们每天摄入的能量大概也就是几千卡路里。神经元有限，就意味着运算力有限。即便假设一个人的神经元超级发达，但根据能量守恒原理，此人的运算力也会受制于大脑的能量极限。给定机体的散热性能，运算太快会导致"头脑发热"，从而离"见上帝"大概也不远了。

所以，从决策角度来看，我们所面临的约束不光包括通常的预算约束，即口袋里面有多少钱，还包括时间约束、信息约束和有限理性的约束。对于任何当下的决策，我们既没有足够的时间去收集信息，也没有充分的算力来处理已经收集到的信息。简言之，我们的每一次决策，不但是风险决策，更是不确定性决策。

风险意味着你知道你不知道什么，因此，你可以通过多元化投资，即通过将鸡蛋放在多个篮子里来分散或者化解风险。而不确定性意味着你不知道你不知道什么，因此，不确定性下的决策在本质上是理性无解的。

所以，理性的分析框架必须向不确定性展示足够的尊崇。已过世的经济学大师阿蒙·阿尔钦就是从"运气"和适者生存的角度论证了经济理性的演化性质。

设想有人想去西天取经，长途跋涉到了路口，佛陀掷骰子决定结果，规定向左是通往拔舌地狱、向右是通往极乐世界。取经人当然不知道佛陀掷骰子的结果，面对路口只能二选一。世俗信众会对选左的取经人轻蔑嘲笑，而对选右的取经人作礼围绕。殊不知，一念生是魔，一念灭是佛；选左选右，所有差别全在一念之间。

抛开上述具有终极关怀性质的随机和天命因素,现实生活中的绝大多数决策还是有章可循的,新古典经济学追求的是与约束最优化对应的超级理性。更弱一些的表达则是,我们总是试图追求理性决策,即如果时光倒流,面临相同的情况,我们会做出相同的选择。

无数的现实经验表明,人与人的决策差异及绩效差异主要取决于他们的目的函数,即他们想要什么、想成就什么。凡是有大成就者,必然首先是做了对的事情,然后又把事情做对了。前者是目标、方向和战略,后者是约束、执行和战术。战略与战术是相辅相成的,战略再好,如果战术实施不得当,也很难取得好的结果。但即便如此,我们还是要强调,战略是第一位的、决定性的,而战术是第二位的、从属性的。只要方向正确,哪怕跑得慢一点,终究也是在进步的。如此日积月累,复利定律的威力使得收益极其可观。巴菲特之所以伟大,不是他每次投资都赚钱,而是他能够持续赚钱。而一旦方向错了,则南辕北辙,跑得越快,离目标反而越远。如此日积月累,复利定律的威力又将使得结果极其惨烈。

接下来的问题是,面对不确定性,如何才能选择"正确"的方向?如前所述,这当然有运气的成分在里面,但从行动的角度看,这主要取决于个人的价值理念。

孔夫子在《论语》中不厌其烦地讲"君子"与"小人"的区别,其目的就是要让人们"见贤思齐焉,见不贤而内自省也"。"君子喻于义,小人喻于利""君子上达,小人下达""君子坦荡荡,小人长戚戚""君子不器""君子不重则不威,学则不固；主忠信，无友不如己者，过则勿惮改"。孔夫子之所以认为"贤哉回也"，是因为"一箪食，一瓢饮，在陋巷，人不堪其忧，回也不改其乐"。

在新古典经济学分析框架中，一个人品格的优劣可以刻画为义与利之间的折换关系。不妨设想，在义与利的平面坐标上，每个行为人都有一条效用无差异曲线（indifference curve），线上的每个点都代表一个义与利的组合，其所代表的行为人的效用水平都是一样的。对应于任何一个点，无差异曲线的"切线"都刻画了义利转换系数，即为了保持效用水平不变，行为人必须获得多少单位的利才愿意放弃一个单位的义。直观上，义利转换系数越高，行为人的品格越好。重利轻义，为蝇头小利而斤斤计较者，是为小人；重义轻利，为家国天下而鞠躬尽瘁者，是为君子。

尊严（dignity）刻画的则是一种最为特殊的义利关系，此时义与利之间根本无法兑换（义利无差异曲线为L形曲线）。康德指出，尊严是人之为人的至上原则，是任何身外之物都无法兑换的品格，也是可以令人为之而死的。文天祥身陷囹圄，写下"人生自古谁无死，留取丹心照汗青"的绝笔后从容赴死，展现的正是尊严。

需要强调的是，即便同一个人，其在不同情景之下所展现的义利转换系数并非恒定不变。按照边际递减规律，同一条无差异曲线上的不同点，由于义和利的稀缺性不同，其所对应的义利转换系数也是不同的。管仲认为"仓廪实而知礼节，衣食足而知荣辱"，本质上说的就是这个道理。

现代经济学对于利益和福利的讨论似乎超越了中国传统的

义利观。这一点最显著地体现为现代经济学鼻祖亚当·斯密在《国富论》中所阐释的"无形之手"(invisible hand)原理。斯密认为,尽管每个人都是自私自利的,但面对市场竞争,他们的所作所为就好像被一只无形之手引导着,将稀缺资源配置到最需要的地方,并最终达到社会福利最大化。

面包师之所以为其他人烘烤面包,不是出于填饱他人肚子的仁慈,而是希望借此赚到自己养家糊口的钱。但是,面对优胜劣汰的市场竞争,他必须努力将面包烤得比别人更好、更香才能争取到客户,进而维持生计。同样地,理发师不是因为别人的发型难看才给别人理发,而是因为只有给别人提供好的服务,他才能借此养家糊口。

如此一来,尽管大部分人是都是自私自利的,但只有在满足别人需求的同时,才能真正实现自己的私利;而从整个社会来看,这最终就会促成一种"我为人人,人人为我"的至善状态。自由市场竞争导致社会福利最大化,这个结论也被称为"福利学第一定理"。

斯密所讨论的当然是一种理想状态。理想很丰满,现实很骨感。现实与理想的偏离,主要体现在两个方面:

第一,有些人的自私自利是"损人利己"的,即某些活动虽然具有显著的私人价值,但并不创造对应的社会价值。

经济学家威廉·鲍莫尔深刻地分析了"企业家精神"(entrepreneurship),将其分为三类:生产性的(productive)、非生产性的(unproductive)、破坏性的(destructive)。从这个角度看,福利学第一定理隐含一个至关重要的前提,即人们的行为是"生产性"的。不过,这个前提是否真的成立还有待讨论。

不少人的行为是"非生产性"的，他们努力追求的是分割蛋糕，而不是做大蛋糕，这种非生产性的努力也被称为"寻租活动"（rent seeking）。典型的例子是通过游说政府获取行政特许以享受巨大的垄断利润。

与并不创造社会价值的寻租活动相比，更糟糕的是破坏性的逐利活动。与寻租活动类似，破坏性的逐利活动所追求的也是分割蛋糕，而不同之处是它还会导致蛋糕分量大幅下降。典型的例子是某些手握权柄者为了一己私利而仓促上马没有任何可行性或社会价值的重大项目。

古代的朋党之争之所以让人深恶痛绝，就是因为他们做事不关注事情本身的是非曲直，而是仅仅基于门户之见予以褒贬——凡是自己的人，不管对错都要支持；凡是对手的人，不管对错都要反对。这就导致了两种形式的社会效率损失：一是有能力的人得不到提拔，有社会价值的项目得不到实施。二是平庸无能者会脱颖而出，因为这些人才是斗争双方都可以接受的"最佳方案"。

《资治通鉴》开篇讲述了智伯暴死、三家分晋的故事，司马温公借此对德与才的关系做了极其精辟的论述。这段话虽然比较长，但很容易懂，直接摘录如下：

> 臣光曰：智伯之亡也，才胜德也。夫才与德异，而世俗莫之能辨，通谓之贤，此其所以失人也。夫聪察强毅之谓才，正直中和之谓德。才者，德之资也；德者，才之帅也。云梦之竹，天下之劲也，然而不矫揉，不羽括，则不能以入坚；棠溪之金，天下之利也，然而不熔范，不砥砺，则不能以击强。是故才德全尽

谓之圣人，才德兼亡谓之愚人，德胜才谓之君子，才胜德谓之小人。凡取人之术，苟不得圣人、君子而与之，与其得小人，不若得愚人。何则？君子挟才以为善，小人挟才以为恶。挟才以为善者，善无不至矣；挟才以为恶者，恶亦无不至矣。愚者虽欲为不善，智不能周，力不能胜，譬之乳狗搏人，人得而制之。小人智足以遂其奸，勇足以决其暴，是虎而翼者也，其为害岂不多哉！夫德者人之所严，而才者人之所爱。爱者易亲，严者易疏，是以察者多蔽于才而遗于德。自古昔以来，国之乱臣，家之败子，才有余而德不足，以至于颠覆者多矣，岂特智伯哉！故为国为家者，苟能审于才德之分而知所先后，又何失人之足患哉！

在温公看来，看人有两个维度：一是德行的高下，二是能力的强弱。德才兼备，是为圣人；德胜于才，是为君子；才胜于德，是为小人；德才皆无，是为愚人。

对一般人来说，圣人的目标可望而不可即，故在现实生活中，最为紧要的事情是识别、任用和自身成为君子，以及识别、提防和避免成为小人。至于具体如何判断人，《资治通鉴》中魏文侯与李克的对话则有非常深刻的启示意义。当时，魏文侯魏斯要选人做丞相，他在魏成和翟璜之间举棋不定，于是征求大臣李克的看法。俗话说疏不间亲，但在文侯的再三催促下，李克实在无法推辞，又察觉到文侯更加倾向于选择宗亲魏成，便委婉地给出了判断标准："居视其所亲，富视其所与，达视其所举，穷视其所不为，贫视其所不取，五者足以定之矣。"

大家都是明白人，文侯听了李克的话，最终决定选择魏成做丞相。

第二，有些活动虽有显著的社会价值，但难以产生显著的私人价值。

之所以产生这种情况，本质的挑战来自期限错配：虽然社会价值是在当下就实现的，而私人价值却在未来才有可能实现。面对期限错配，不可期望每个人都像雷锋那样做到毫不利己、专门利人。从长远的角度看，只有利人利己才是真正可持续的；没有利己作为支撑，利人的意愿再强，最终也会变成心有余而力不足的廉价善意。

从辩证的角度看，最有看头的是期限错配蕴含的危与机，以及与之相对应的介入时机的选择。亢龙有悔，盛极而衰。大家都能看到的机会多半不是机会而是陷阱，这时候介入，就只能捡点残羹冷炙，更有甚者成为终极"接盘侠"。子夜星辰，阴极阳生。介入过早则往往会成为后来者凭吊的"成功之母"。中国漫长历史中的王朝更迭对此提供了绝佳的例证，首先揭竿而起的，往往不是最后荣登九五之尊的那个。

任何革命或改革都必然牵涉到旧势力的摧毁与新势力的成长。最为机警的创业者，必然是伺机而动的，他们对时机的选择，抑或时机对他们的垂青，总是恰到好处。他们的介入时机，不会太早，因而不会成为旧势力反扑的炮灰；也不会太晚，因而可以踩着先驱的尸体，一路冲锋，直至摘取最大的胜利果实。这些机警的创业者异于常人的特质是他们无与伦比的大格局。而所谓的大格局，套用伊斯雷尔·柯兹纳对创业精神的阐释，就是可以看到那些时机已经成熟、却被常人所忽视的巨大"套利机会"。二十年前,马云对于互联网时代的大胆预期就展现了这种格局。面对中国奇高的物流成本和商业成本,普通人看到的是无尽的麻烦,所做的是随口的抱怨,但在马云眼中,这些麻烦和抱怨蕴含着"让天下没有难做的生意"的巨大商机。

2019 年 1 月 28 日

互联网时代的
经济逻辑

互联网时代的经济逻辑

十多年前，托马斯·弗里德曼写了一本畅销书《世界是平的：21世纪简史》(*The World is Flat：A Brief History of the Twenty-first Century*)，阐释了21世纪初期的全球化进程是如何抹平各种不平等的。现在的世界，有些地方的确更"平"了，但更多地方依然存在"不平"。互联网消除了空间距离，让地球变成一个村，甚至塌陷成一个点，让集聚的力量空前强大。"顺之者昌，逆之者亡""强者恒强，强者愈强"，逐渐成为主导整个世界的游戏规则。

互联网的英文是Internet，从构词上可以释义为"网间网"。在其中，每个人都是一个节点，不同的人组成不同的子网，所有的子网又相互关联，最终形成这个众网之网（"众王之王"）。现在，我们的工作、学习、娱乐、消费等都与互联网息息相关。没有互联网，我们会感到魂不守舍、无所适从。每个人像是一滴水，互联网则瀚若海洋，不管喜欢与否，涓滴成流，百川归海，这就是互联网时代的经济逻辑。

互联网时代的经济逻辑，其基础是著名的梅特卡夫定律：网络价值是参与者人数的平方量级。考虑某个 N 人网络，从中任意抽取一个人（N 种可能性），这个人都可以和剩余的 $N-1$ 个其他人进行联系，因而总共有 $N(N-1)$ 种联系方式，这大概代表了这个 N 人网络的价值量级。

根据梅特卡夫定律，立即可以推演出网络外部性：人们加入一个网络的私人收益与已经加入这个网络的人数正相关，而且人们加入这个网络的私人收益小于社会收益。对于任何网络来说，已经加入网络的人数越多，新加入者可以联系的人就越多。给定一网络已经有 N 个人，当第 $N+1$ 个人加入，该人所得的私人收益是 N，即他可以和其他 N 个人联系；而由此产生的社会收益则是 $2N$，即这个人不但可以与其他 N 个人联系，其他 N 个人也可以和他联系。简单的计算，$N+1$ 人的网络价值为 $(N+1)N$，N 人的网络价值为 $N(N-1)$，两者差值为 $2N$。私人价值小于社会价值，意味着网络外部性通常是"正"，即与社会最优相比，人们加入网络的私人激励是不足的。

英文中有两个词，competition 和 rivalry，翻译成汉语都是"竞争"，但它们的实际含义差别很大。前者指的是斗而不破的竞争，而后者则指的是你死我活的竞争。天才的法国数学家埃瓦里斯特·伽罗瓦（群论的创立者）为了心爱的女人死于决斗，他与那个跟他决斗且枪法更准的人之间就是你死我活的情敌（rival）关系，而不是"你好我好"的竞争者（competitor）关系。另一种解释是，斗而不破的竞争（competition）是在市场中竞争（compete in the market），而你死我活的竞争是为市场而竞争（compete for the market）。

网络外部性对市场竞争的方式和结果会产生极大影响。网络外部性很强的领域，竞争基本上都会变成"你死我活，赢者通吃"的决斗。假设有两个公司 A 和 B，都生产某种具有强烈网络外部性的产品，即消费者购买 A 产品所得效用，和已经购买 A 产品的人数正相关，对 B 产品也是一样。为了方便理解，可以将 A 想成腾讯的 QQ，将 B 想成微软的 MSN。若暂时不考虑多栖（multi-homing）问题，则消费者面临的问题就是要加入 QQ 还是 MSN。

A 和 B 的竞争优势和其已有的用户基础（installed base）密切相关。既有用户基础越大，网络价值就越大，新加入的消费者所得收益也越大。正因如此，A 和 B 竞争的关键就是如何尽快做大自己的用户基础，以便在未来的竞争中凭借网络外部性所产生的正反馈机制越变越强，最终实现"赢者通吃"。

为阐释这个正反馈机制，假设最开始 A 和 B 具有相同的网络价值，定价也相同（比如免费），但由于某种原因，某个原来属于 B 的消费者转投 A，那么根据网络外部性的性质可知，A 的网络价值提高了，B 的网络价值降低了；这又会进一步导致其他原来属于 B 的消费者也转投 A。如此循环的最终结果将是所有消费者都会加入 A。

下面来探讨存在网络外部性时的企业竞争策略。对于 A 来说，如何才能吸引新的消费者，或者从 B 成功挖墙脚呢？除了做好产品，最简单直接、通常也最有效果的办法就是烧钱补贴，即对加入网络的消费者不但不收钱，还要给予一定的补贴（给定网络外部性是正的，即加入网络的私人价值低于社会价值，则对边际上加入网络的客户进行补贴是符合基本经济逻辑的）。给定 B 也可以采取类似的策略，那么，到底谁会取得最终的胜利呢？

这取决于两个因素：第一，谁具有先动优势。因为先进入市场者可以享有更大的初始网络规模,进而可以给用户带来更大的网络价值。第二,谁的钱袋子更深(long purse)。对大量用户进行补贴是个烧钱的消耗战,谁的钱袋子更深(比如获得了某巨头的支持),谁就更有可能耗死对手、笑到最后。

经济学的传统智慧告诉我们"天下没有免费的午餐",谁获益,谁付费。但在互联网时代,尤其是在网络外部性很强的地方,这个传统智慧似乎被颠覆了,取而代之的是双边市场下的"谷歌盈利模式"。

为了阐释其中的道理,我们做个简单化的处理,在此仅考虑谷歌的搜索功能。若将谷歌搜索引擎理解为双边市场(two-sided market)中的一个"平台"(platform),则平台的一端(左端)连着无数的网络用户,他们只要在搜索窗口敲入关键词,便可得到相关的搜索结果,这种搜索服务不但是即时的,而且是免费的;而平台的另一端(右端)连着许许多多的广告商,他们在谷歌的搜索平台上向网络用户投放广告,同时向谷歌公司支付相应的广告费用。

这里之所以将连着网络用户的一端称为"左端",将连着广告商的一端称为"右端",是因为谷歌搜索具有如下运行特征:当人们进行搜索时,比如当输入"高尔夫"一词时,页面左端会显示搜索结果(如高尔夫球赛和"老虎"伍兹等的相关信息),而页面右端则会呈现一些与高尔夫相关的公司或者产品(如高尔夫球杆品牌等)。谷歌搜索区分左端和右端的这种安排兼顾了网络用户与广告商的利益。从技术层面上讲,搜索引擎质量的高低,关键在于它能否基于人们输入的关键词提供有用的相关信息。大多数网络用户在绝大多数情况下使用搜索引擎的目的是了解他们感兴趣的话题及相关内容，而不是购买产品，故将广告信息进行区分展示是符合用户基本需求的。

但是，给定网络用户成千上万，即便只有少数用户希望通过搜索引擎寻找他们感兴趣的产品，或者在搜索关键词时看到相关产品就有可能成为"冲动消费者"，这些人的绝对数量也是相当可观的。尽管人们通常将广告（advertising）理解为"广而告之"，但正如计算机领域里所展示的，该词的本义是"导流"。故从广告商的角度看，广告的效率，即广告在多大程度上能促成和提高市场交易的关键在于广告投放是否具有精准性，即广告商的产品是否投放给了最有可能购买这些产品的潜在用户。按照这个逻辑，搜索引擎的威力就展现出来了。至少从概率上讲，那些搜索"高尔夫"的用户对高尔夫相关产品感兴趣的概率应该高于那些搜索"乒乓球"的用户；所以，当人们以"高尔夫"作为关键词进行搜索时，将与高尔夫相关的产品也展示在搜索结果页面上就具有"精准广告"的性质。

谷歌盈利模式的精髓是"失之东隅，收之桑榆"。通过向用户提供高质量且免费的搜索服务（考虑到平台运营成本，免费搜索本质上意味着对搜索服务提供了"补贴"）来吸引人们使用谷歌搜索引擎，多多益善。使用谷歌搜索引擎的用户越多，到谷歌搜索平台上做广告对广告商就越具有吸引力，或者说，谷歌就可以向广告商收取更高的广告费。简言之，平台的一端是旨在获客的亏损端，而平台的另一端则是旨在赚钱的盈利端；给定搜索质量足够高，谷歌在亏损端亏损的钱，都会在盈利端加倍地赚回来。

互联网时代，必将是一个最好的时代，也是一个最坏的时代。对创业者而言,"先下手为强,后下手遭殃",成功属于那些能够把握先动优势的人;但反过来说,面对实力超强的犹如狮子、老虎一样的在位者,创业者如果不能趁它们打盹的功夫迅速做大自己的网络,将自己也变成狮子或老虎,则终将难逃被猎杀的厄运。

互联网时代的"时时处处有补贴"似乎颠覆了"天下没有免费午餐"的传统智慧。但实际上,"天下没有免费午餐"仍是正确的——人们虽然可能在一时一地享用了免费午餐,但它并不是真的免费,而是有其他人买了单。进一步来说,如果我们对某些"免费"或补贴感到疑惑不解,那是因为这些玩法超越了我们的视野。正如围棋中局部的受损甚至弃子,放在更大范围或者整个棋局来看却可能是"失之东隅,收之桑榆"的高明策略。

2018 年 1 月 29 日

互联网平台没有"安静的生活"

在互联网世界中，空间距离消失，地球塌陷成一个点，积聚力量变得空前强大，造就了一些前所未有的互联网巨头，呈现出强者恒强、强者愈强的竞争格局。正是在这种背景下，如何认识互联网巨头对不平等问题、技术进步和经济发展的影响，成为学界和各国政府都颇为关注的焦点。更简单直白地来说，我们需要弄清楚这些超级强大的互联网巨头对社会到底是好是坏，是否需要政府干预来限制它们的市场力量。

和任何其他事情一样，作出判断必须有一个基准；判定是否应该干预，则需要清楚政府干预的目标和约束是什么。而要弄清这些问题，首先需要了解互联网巨头的市场优势是如何形成的，又是如何起作用的。

网络外部性：互联网平台的分析起点

之前已经提到，理解互联网时代经济逻辑的基础是梅特卡夫定律，即网络价值是参与者人数的平方量级。直观上看，在 N 人网络中任意抽取一个人有 N 种可能性，这个人又可以和其他 $N-1$ 人联系，因而总共有 $N(N-1)$ 种联系方式，这大致可以理解为 N 人网络的价值量级。进一步，由梅特卡夫定律可立即推演出"网络外部性",即在边际上,某人加入网络所得到的私人收益小于由此所产生的社会价值。给定网络中已有 N 个人,第 $N+1$ 个人加入网络只考虑他可以和其他 N 个人联系,而不考虑其他 N 个人也可以通过和他联系获得收益。

网络外部性有很多类型,其中一种特别值得关注,即"双边网络外部性",因为这是理解平台运行和平台竞争的关键所在。任何交易都有卖家和买家,平台的功能就是撮合卖家和买家达成交易,而平台效率也就集中体现为撮合效率。与一般的"中间人"相比,互联网平台的突出特点是它所连接的潜在买家和卖家的数量都非常巨大。对任何平台而言,双边网络外部性意味着已加入该平台的买家越多,卖家加入该平台的潜在收益就越高;同样地,已加入该平台的卖家越多,则买家加入该平台的潜在收益也越高。由此,买家和卖家是否加入该平台是一种"鸡生蛋,蛋生鸡"的正反馈过程。

单平台的定价逻辑

站在平台的角度,获得商业成功的关键在于如何触发和引爆上述正反馈过程。由于双边网络外部性,任何一边加入平台都会给另一边带来额外好处,即私人收益小于社会收益,因而以补贴为特征的定价机制是平台触发正反馈机制的自然逻辑。

既然买卖双方存在"鸡生蛋,蛋生鸡"的关系,针对如何补和补多少的现实问题,符合直觉的结论是,平台对某一端的补贴力度与它对另一端产生的正外部性正相关,或者说,平台对某一端的补贴力度与其加入平台的意愿负相关。这与存在交叉外部性时的多产品垄断定价机制完全类似。

具体来说，补贴策略又主要分为两种：

第一种是静态策略，也就是我们在之前已经讨论过的"谷歌盈利模式"。在此模式下，平台在一端免费甚至进行补贴以吸引更多用户加入平台，以期对另一端产生巨大的正外部性，这对应于"失之东隅"的亏损端；而在另一端，平台征收高价并获得利润，这对应于"收之桑榆"的盈利端，亏损端产生的正外部性越高，盈利端的利润就越高。

在静态策略下，平台通过对两端实行差别定价提高撮合效率，而这种撮合效率的提高对应到现实则是谷歌盈利模式对传统商业模式的颠覆。一个典型案例是在计算机杀毒领域，奇虎360用"终身免费"颠覆了"谁获益（遭殃），谁付费"的传统定价模式。忽视了相关市场的双边性，单看任何一端都会出现偏颇——单看亏损端，就像所谓的掠夺式定价（predatory pricing）；而单看盈利端，则好像又有滥用市场力量的嫌疑。

第二种是动态策略，即平台按照加入时间的先后对用户进行跨期差别定价，通常是对先加入者进行补贴，而对后来者征收高价。大量的经济学研究发现，新技术的接受和扩散具有典型的逻辑曲线或 S 形曲线的特征。以互联网平台为例进行说明：由于一开始加入平台的用户数很少，网络效应不显著，考虑到采用新技术或者加入新网络的认知成本和转换成本等，平台对新用户的吸引力不大，因而平台的网络规模增长很慢；但等到平台的用户基础超过某个门槛数量，则由于客户之间的口碑效应等，平台对新用户的吸引力急剧增加，平台的用户数从而进入"起飞"阶段；然后随着潜在用户大都已经加入平台，网络规模饱和，增长必然再次变缓。

从以上描述可知，先期加入平台的用户越多，则后续用户加入平台的收益越高，故从平台吸引用户的角度看，早期用户对后续用户产生了正的网络外部性，而这正是平台对早期用户进行补贴的合理性。与静态补贴策略不同，平台实施跨期补贴策略可能需要经历相当长时间的亏损才能跨过"起飞"门槛，进而之后再通过征收高价将前期的补贴成本收回来。但正如我们在现实中观察到的，很多实施跨期补贴策略的平台企业，在还没有达到起飞规模时就已经弹尽粮绝而宣告夭折了。

无论如何，给定许多互联网平台可能追求的是跨期盈亏平衡，我们在平台反垄断方面必须采取谨慎态度，不能看到平台一开始免费甚至提供补贴就将其认定为掠夺式定价，同样也不能看到平台开始征收高价就将其认定为滥用市场力量。

平台竞争的逻辑

之前讨论了单个互联网平台的运行机制，但在现实中，某个领域一旦出现了某种新的互联网商业模式，立刻会有大量的人才和资本涌入，进而至少在一段时间内形成多平台竞争混战的局面。比如，在人们熟知的移动出行领域，就有过快的和滴滴的竞争，以及滴滴和优步的竞争。

网络外部性意味着两个相互竞争的互联网平台，如果网络互不兼容，而用户又只能或者只愿意"单栖"(single-homing)，那么这种竞争就具有"决斗"性质。（预期）用户基础更大的平台会对用户具有更大的吸引力，而新用户不断加入又会进一步加强这种网络优势。这种强者越强的正反馈机制最终会导致"赢者通吃"的结果。互联网平台的功能是撮合数量巨大的卖家和买家之间达成交易，故在平台竞争中，撮合效率是决定平台竞争孰胜孰负的一个关键因素。滴滴和优步的竞争就是典型的案例。

一开始，滴滴采取的是"效率优先"的撮合机制。乘客打车时需要输入目的地，司机由此知道每个乘客的打车距离，并争抢长途乘客的订单。考虑到长途乘客支付的总价更高，他们能优先打到车就意味着"价高者得"，而在市场经济的功利主义（utilitarian）伦理下，面对同样的服务，出价更高意味着社会价值更高，故在多人同时打车的情况下，将服务优先分配给出价更高者就体现了"效率优先"的特性。

优步则采取了"公平优先"的撮合机制。具体而言，乘客在优步平台上叫车，司机只知道某个地方有人打车，但并不知道乘客的目的地在哪里，因而无法挑单，故这种撮合机制在本质上是"派单不挑单"。进一步来说，给定司机无法挑单，则多人同时打车时，长途乘客和短途乘客叫到车的机会差不多是均等的，故这种"派单不挑单"的撮合策略体现的是"公平优先"的特性。

这两种撮合机制对决的最终结果是，效率优先的滴滴战胜了公平优先的优步。司机们预料到在优步平台打车的乘客以短途居多，因而他们更愿意去滴滴平台，从而更有机会抢到长途订单，最差也不过是和在优步平台一样获得短途订单而已。于是，先是司机们为了追逐长途订单而离开了优步平台，而一旦司机们离开了，乘客们也会随之离开

如前所述，在互联网时代，任何一种新的商业模式出现都会引起大量资本涌入，进而有很多平台参与竞争。给定没有任

何平台可以独占商业模式，各平台能够互相模仿经营策略，则撮合效率并无太多差异，平台竞争将演变成典型的消耗战。为了能够争取用户，每个平台一般都会采取补贴策略。

这时候，胜负的关键在于两个因素：一个是时间先后，另一个是口袋深浅。领先进入市场的平台，自然会因为先拥有一定的用户基础而享有先动优势；但在消耗战中，资金更加雄厚的平台，更有机会坚持到最后。

平台竞争过程中，市场结构演化通常可以分为两个阶段。

第一阶段，从 N 到 2，这是一个江湖混战的洗牌阶段。由于市场中通常有两个主要的平台，因而此阶段补贴竞争的典型特征是：看起来是老大和老二在进行补贴竞争，实际结果却是老四和老三很快会因为缺乏后续资金支持而退出竞争，可能是直接亏损出局，也有可能选边站、选择被老大或者老二收购。只要还有其他较大的平台存在，这一阶段就没有结束。

第二阶段，从 2 到 1。经过第一阶段的洗牌，市场仅剩两个巨头，它们之间如何竞争，到底是决战到底，是合二为一，还是和平共存，这是投资者、消费者乃至政府最为关注的问题。

最终结局如何，依赖于许多偶然因素，如果暂时抛开政府规制，则有两个因素最为关键：一个依然是口袋深浅，另一个则是用户是否可以或者愿意"多栖"。如果用户单栖，即无法或者不愿同时加入两个平台，则网络外部性的正反馈机制就意味着谁在补贴竞争中胜出，谁就能"赢者通吃"。这时候，两个平台就会不断补贴，直到一方难以坚持，被收购或者亏损出局。但是，如果用户可以多栖，即每个用户同时加入两个平台，那么，即便两个平台的用户基础互不兼容，每个平台实际上也无法获得比另一个平台更大且更牢固的用户基础。

以快的和滴滴的竞争为例,在某个特定时点,如果快的的补贴力度更大,就会有更多乘客和司机在实际交易中选择快的,快的因此似乎获得了更大的用户基础;但由于多栖,这个更大的用户基础优势并不牢固,因为一旦快的停止补贴或者滴滴加大了补贴力度,那么用户在实际交易中就会转而选择滴滴。由此,两个平台的补贴竞争就会变成并不会产生网络优势的消耗战。

进一步,如果两个平台所依托的"口袋"都很深,就像快的背靠阿里、滴滴背靠腾讯,那么,任何一家要耗死对方基本上都不可能,此时资本逐利的必然结局则是两个平台进行对等合并,而不是一家吃掉另一家的收购。合二为一之后,补贴竞争不复存在,市场也会进入实质性的垄断阶段。

互联网平台:大不是限制的充分理由

经济学家对于垄断的厌恶由来已久。主流观点是,垄断导致定价高于边际成本,会造成无谓损失(deadweight loss)。

诺贝尔经济学奖获得者约翰·希克斯经常被引用的一句话是:垄断利润的最大好处是安静的生活。这种安静的生活,从消费者的角度来说是不用经受选择之苦,而从企业的角度来说,则是可以懈怠,不用挖空心思去提高质量和降低成本,即"享受"利本斯坦所谓的"X-非效率"。

希克斯对于"垄断利润"的论述,本质上刻画的是所谓的替代效应,是由和他一起荣膺诺奖的经济学大师肯尼斯·约瑟夫·阿罗提出的。一个不受挑战的垄断者,创造和接受新技术就会替代既有利润,既有利润越大、越牢固,垄断者越不愿意创造和接受新技术。希克斯的论断,或者阿罗的替代效应,对于受行政性壁垒庇护的垄断企业是比较恰当的,但用来描述互联网平台则有很大的问题。

第一,平台垄断的确会导致价格高于边际成本,但这并不代表平台竞争会导致更高的社会福利,这主要牵涉到生产效率与经济效率之间的权衡,即所谓的"马歇尔冲突"。如果生产某种产品(或提供服务)具有巨大的固定成本,则从生产效率的角度看,生产应该尽可能地集中,这样才能尽可能穷尽规模经济;但一旦生产高度集中,生产者就会具有垄断定价的能力,导致价格高于边际成本的社会福利净损失。

在传统的自然垄断案例中,规模经济主要来源于生产方的固定成本;但对互联网平台而言,规模经济的来源同时涵盖了供给面和需求面,既有互联网平台的固定成本,也有平台客户之间的网络外部性。这种差别至关重要。

如果强行地通过规制将市场结构从垄断平台变到竞争平台,社会就有可能遭受双重损失:一是每个平台的客户基础变小,进而每个客户所能享受的网络外部性的好处减少。二是平台固定成本的摊销范围变小,产品或服务的平均成本上升,而"羊毛出自羊身上",要让各平台都能活下去,平台定价必须高于平均成本,最终,与垄断平台相比,消费者支付的价格反而上升。

第二,在互联网世界中,由"安静的生活"所代表的"垄断利润"实际上是不存在的,原因在于熊彼特所强调的"创造性破坏"。

"阿罗效应"若要成立,必须有一个前提,就是在位者的垄断地位是不受挑战的，但在互联网时代，"跨界"竞争成为一种常态，任何一个垄断平台，随时都面临被"野蛮人"敲门、侵蚀，甚至替代的风险。最典型的例子是短信。十年前，电信垄断者可能怎么也不会想到，短信的命居然是被微信给革掉的。最近的例子则是，很多人都担心滴滴出行会造成完全的市场垄断，但其在长途乘客端面临来自美团专车的竞争，而在短途乘客端则受到共享单车对其利润的强力挤压。

我前天打车，发现有一个新的互联网出行公司"嘀嗒"开始强势介入。有意思的是，滴滴合并优步之后，将定价策略从效率优先转到公平优先，而嘀嗒现在采取的策略，恰好是滴滴之前干掉优步的效率优先策略。嘀嗒和滴滴的战斗就像金庸小说中的南慕容与北萧峰。滴滴若萧峰，实力雄厚，会降龙十八掌；嘀嗒体量很小，但深谙"以彼之道，还施彼身"之术。以前，滴滴凭借效率优先击败了公平优先的优步，现在，嘀嗒会不会凭借效率优先而让公平优先的滴滴寝食难安呢？

可进一步设想，或许在不远的将来，依托双边市场而确立市场优势的滴滴，还会受到来自智能驾驶和共享汽车的巨大威胁。这种潜在威胁，一旦转化为现实，就意味着商业模式的颠覆和市场格局的重新洗牌，哪里还有什么"安静的生活"？这种潜在威胁即便没有转化为现实，也会对在位垄断者的定价构成限制；容易理解，在位者的利润越高，颠覆者的颠覆利润和积极性也越高。互联网世界的平台垄断，形式上看起来是垄断，本质上却更像是威廉·鲍莫尔所谓的"可竞争市场"（contestable market）。

第三，政府规制最重要的理论基础是市场失灵，但在互联网领域,不但判断市场失灵很困难,而且即便确认有市场失灵,找到能够改善市场绩效的规制方案更困难。

如前所述,将垄断视为市场失灵,其本质还是一种静态观点,从动态角度看则很难成立,因为动态效率往往超越静态的非效率。

进一步来看,即便认为垄断不合理,是立即采取政府规制来"纠正",还是采取"等等看"的策略,也值得探讨。互联网技术日新月异,针对某种商业模式的规制政策,从制定到实施,所耗费的时间可能大大超过了该商业模式的生命周期。既然计划赶不上变化,最好的策略可能就是"等等看"。

人类最大的理性在于认识到自己的理性不足。市场机制会失灵,政府干预也同样会失灵。

结语

技术进步是一种"否定之否定"的创造性破坏过程。互联网普及之前,全球化主导了世界竞争格局。面对去中心化的全球化力量,弗里德曼得出了"世界是平的"的论断。但事实表明,世界并没有像弗里德曼预期的那样变平,而是在很多领域变得更加崎岖。一个很重要的原因是,强大的"去中心化"的全球化力量遇到了更加强大的"趋中心化"的互联网力量。

现在,就在人们对互联网平台"霸权"忧心忡忡的时候,以区块链等为代表的去中心化力量正在酝酿和发酵。我相信,这些新兴的去中心化的市场力量,而非政府管制,才是互联网巨头真正的"掘墓人"。

2018 年 3 月 15 日

周鸿祎是如何颠覆雷军的?

2017年的第四届世界互联网大会,"大佬"们齐聚乌镇,除了交流思想,吃吃喝喝也是人之常情。丁磊一贯地组织了他的网易精选猪肉宴,京东刘强东与美团王兴也凑热闹攒了一个"东兴局"。大佬们吃啥喝啥我们不清楚,但从媒体报道和他们晒出来的照片可以发现,参加的人有腾讯马化腾、百度李彦宏、小米雷军、京东刘强东、联想杨元庆、搜狐张朝阳、华为余承东、高瓴资本张磊、红杉资本沈南鹏,等等。这么多大佬,一长串名字,审美疲劳之下,谁参加了也记不住,但谁没参加则引起了广泛关注——大家的目光全集中在孤身一人吃面的马云身上。媒体采访他,问是否被互联网圈孤立了,"马爸爸"霸气十足地回应:多大点事,一顿饭局能打垮我,开玩笑!这不,在刚刚结束的达沃斯论坛上,马云组了一个超级饭局,邀请了诸多国家的政商领袖参加,比如微软创始人比尔·盖茨、加拿大总理特鲁多、英国前首相托尼·布莱尔、IMF总裁拉加德、UPS公司CEO大卫·艾博尼等。在饭局的组织上,论档次、讲规格,马云扳回了一局。

不过,本文要讲的故事,既不牵涉到马云,也与刘强东无关,主角是周鸿祎和雷军。实际上,在前面提到的两个饭局中,人们只关心了为什么马云没有参加,但都忽略了另一个重要人物,那就是奇虎 360 的周鸿祎。如果这些饭局请柬代表的是江湖地位,周鸿祎应该够资格。马云没参加,据报道是因为没有被邀请,即便邀请了,也没时间参加。拿相同的问题问周鸿祎,估计得到的答案也大致相同。这一点早就确定,周鸿祎虽然是互联网大佬,但不属于这个圈子。

周鸿祎,江湖上人称"红衣教主",奇虎 360(以下简称"360")的创始人。最近 360 借壳回归 A 股,周鸿祎因此身价暴增,所以,凭资历(后面讲)、凭身价,称其为互联网大佬都毫无争议。而 360 是干什么的,周鸿祎自己的解释最为精彩:"250 干 110 的活"(360 = 250 + 110)。

为何要把自己揶揄成"250",又为何说是在干"110"的活?要说清楚就需要扒一扒"红衣教主"的前世今生。早在 1998 年(资历够老了吧),周鸿祎就创立了一个著名的公司——3721。查百度百科,会发现该词条中有一句话:3721 被称为"我国第一个并且是最大的流氓软件之一",现已停止运营。3721,顾名思义,不管三七二十一,赚钱就行。3721 干的事情,实际上是推广第三代中文上网方式,通过 3721,用户无须记忆复杂的域名,直接在浏览器地址栏中输入中文名字,就能直达企业网站或者找到企业、产品信息。公允地说,3721 干的事情,并非没有社会价值,但之所以被称为"流氓软件",主要是因为强制安装、捆绑安装,还难以卸载,活脱脱木马病毒的做派。后来,3721 被雅虎收购,周鸿祎拿到一大笔钱,开始整天琢磨着怎么"颠覆别人"。

颠覆谁?怎么颠覆?当然是从自己最熟悉的领域开始。作为"流氓软件教父",收拾病毒和流氓软件最是拿手好戏。于是乎,周鸿祎摇身一变,"从良"了,大张旗鼓推出"360安全卫士",专门对付流氓软件,并承诺免费杀毒、终身免费!一石激起千层浪,因为他动了付费杀毒软件的奶酪!在当时的人们看来,周鸿祎之所以"二",就是他不让别人赚钱,自己也不赚钱。

现在,如果问一个"00后",电脑病毒是啥东西,他很可能没有什么概念。但十多年前,可完全不是这个样子。年岁稍长一点的人,都可能对著名的CIH病毒深有体会或者至少有所耳闻。辛辛苦苦写了一个月的东西,突然间电脑中毒,硬盘损坏,一切都得从头来过,其郁闷、无助、绝望、愤怒可想而知。所以,防病毒、杀病毒是每个电脑使用者的必备功课。但怎么防、怎么杀?一般人自己是没办法的,只能买杀毒软件,找专杀工具。被电脑病毒祸害过的人或许都有印象,今天病毒出来,明天专杀工具就紧跟着出来了,专杀工具杀病毒就好像太上老君的咒语对付青牛精手中的金刚琢,金刚琢再厉害,咒语一念,立马玩儿完。

那时候,杀毒软件有很多,著名的有江民、瑞星、诺顿、迈克菲、卡巴斯基、金山毒霸等,它们奉行的盈利方式是"谁获益,谁付费",什么叫"谁获益,谁付费"?就是你的电脑中毒了,用我的杀毒软件把毒杀掉了,你付点费,难道不正常吗?但是,如果把这个口号改成"谁遭殃,谁付费",逻辑上似乎也完全说得通。但是,不管是"谁获益,谁付费",还是"谁遭殃,谁付费",这一切都随着"永久免费"的360安全卫士的横空出世烟消云散。人们慢慢发现,随着免费杀毒软件的普及,病毒也没有了;病毒没有了,付费杀毒软件也就没有了。其中的道理实际上挺简单,电脑病毒不是艾滋病,而是人编出来的;只要是人编出来的,就会做成本收益分析。好不容易编出一个病毒,被一个免费杀毒软件给收拾了,这样的亏本生意谁做?互联网发展一日千里,不知道现在的小朋友们,还有多少人知道曾经显赫一时的江民、瑞星、迈克菲和卡巴斯基?还有多少人知道现在大名鼎鼎的小米掌门人雷军,曾经是同样大名鼎鼎的金山毒霸的负责人?

周鸿祎当年说自己"250",冒充"110"收拾病毒。现在看来,他实际上一点都不"二"。不让别人赚钱是真的,不让自己赚钱却是假的,只不过赚钱的时间跨度有点大。但是,能看到十年之后的盈利,才叫眼光,才有格局。至于"免费"怎么赚钱,看了之前对谷歌盈利模式的描述便应该不难理解。

每一个成功的企业背后,必定有一个成功的企业家和一个成功的商业模式。这个企业家之所以成功,是因为其发现、塑造和实施了某个符合时代潮流的商业模式,在创造社会价值的同时,也实现了自己的私人价值。360的成功,是周鸿祎将谷歌盈利模式应用到杀毒领域,完成了"失之东隅,收之桑榆"对"谁获益(谁遭殃),谁付费"的成功颠覆,这是互联网时代经济逻辑的必然结果。在杀毒领域,奉行传统盈利模式的雷军,被颠覆是迟早的事。但雷军的伟大和幸运之处是,面对颠覆,果断抽身,在能够"把猪都吹起来"的风口,抓住机遇,创立了小米。同样,小米成功的背后,则是成功的企业家雷军,以及由他成功颠覆的手机行业的商业模式。据说，小米上市，雷军将成为中国首富。如果那一天到来，雷军是否会在心中默默地感谢周鸿祎，感谢他当年很"二"地颠覆了自己？如果这样，雷军或许该攒个饭局，邀请小马哥等人的同时，也给周鸿祎发个请柬。

2018 年 1 月 30 日

守旧还是创新,谁说了算?

替代效应:射杀创新的"上帝之箭"

这里要说的是现代经济学中的一位"超级大神",肯尼斯·阿罗。阿罗(Arrow)的英文意思是"箭",他发现,在创新过程中存在一种与自己的姓氏含义一样的"上帝之箭"——被这支箭射中,再强大的在位者,也会因为缺乏创新激励而走向平庸。这只射杀创新的"上帝之箭",经济学称之为阿罗效应,也叫替代效应。

创新是打破常规、革故鼎新,一个市场在位者,要创造、采用新技术,往往就要替代老技术,以及与老技术相对应的既得利益。既得利益越大,越牢不可破,在位者越没有积极性创造和采用新技术。

日常生活中有许多大白话都表达了类似的道理,比如:

"白纸上好写字。"因为一张纸上如果已经写得密密麻麻,再要写,就必须把原先写的字擦掉,费时费力。

"光脚的不怕穿鞋的。"这不是说穿着鞋打架不方便,而是说穿皮鞋的人比光脚的人拥有的多,一旦打输了,失去的也将更多。

马克思、恩格斯在《共产党宣言》里写得很清楚,为什么无产阶级最具革命性,是因为他们"失去的只是锁链,得到的将是整个世界"。

创造性破坏：来自"维也纳坏小子"的恶作剧

这里我要说的是约瑟夫·熊彼特——现代经济学的另一位"超级大神"。他1883年2月8日出生于奥匈帝国；同年3月14日，马克思逝世；6月5日，约翰·梅纳德·凯恩斯出生。

熊彼特自幼在维也纳读书，性格叛逆，被称为"维也纳坏小子"。"维也纳坏小子"给自己的人生定了三个小目标：做维也纳最完美的情人、欧洲最出色的骑手、世界最伟大的经济学家。熊彼特临终前曾概叹，三个小目标中只实现了两个，但没有说到底是哪个目标让他抱憾终身。虽说《经济发展理论》(*The Theory of Economic Development*)、《资本主义、社会主义与民主》(*Capitalism, Socialism and Democracy*)、《经济分析史》(*History of Economic Analysis*)等皇皇巨著，足以让他跻身有史以来最伟大的经济学家之列，但天才的心思和标准，只有上帝才晓得。

现在国家提倡创新驱动，谈创新，必谈熊彼特。在熊彼特看来，经济增长的本质是由企业家主导的"创造性破坏"的过程。创新也不限于技术创新，而是一个更加宽泛的经济概念，新产品、新生产流程、开辟新市场、控制要素来源，以及新组织，都是创新。

在创造性破坏的过程中，与潜在进入者相比，在位者具有更高的创新激励。之所以如此，不是因为新技术利润更高，而是因为只有创新才能保住自己的既有利润。一旦竞争者创新成功，它们就会借此进入市场，在位者就会被替代，或者至少失去垄断地位。

竞争总会导致利润耗散。多个竞争者的利润之和总是小于只有一个企业的垄断利润，这意味着，在位者为保护垄断地位而提供的创新激励会高于潜在竞争者为进入市场而提供的创新激励。

守旧还是创新：当阿罗遇到熊彼特

腾讯的微信是典型的创造性破坏，用户引流、自我替代，革了QQ的命。通过更换品牌，微信成功消除了QQ用户和MSN用户之间的身份认同差异，把他们都变成自己的用户基础，由此引爆了网络外部性所蕴含的正反馈机制，彻底扑灭了MSN抢夺中国市场的希望，也彻底阻断了飞信走向互联网的道路。

许多曾经强大的企业，之所以从强大走向消亡，是因为面对潮流的变化，眷恋于已有收益，不能自我革新，面对时代洪流，过高估计自己浇筑的"护城河"的作用，最终被潮流吞没。

海不择细流，故能成其大；山不拒细壤，方能就其高。互联网时代，流量为王，得"草根"者得天下。微软在中国推广MSN的过程中，显然忘了它曾经是如何凭借开放性和兼容性差点让封闭、高冷的苹果"命丧黄泉"的。至于飞信，不可谓没有创新性，也具备一统江湖的天时、地利与人和，但免费、开放、兼容的互联网逻辑与飞信所处的僵化体制格格不入。决策者贪恋与短信相关的蝇头小利，将飞信定位于狭隘的电信领域，而不是让其驶入广阔的互联网蓝海。格局不够广阔，决定了飞信终究只能是中国互联网发展进程中转瞬即逝的一朵浪花。

2018年2月6日

超女、短信——为了忘却的纪念

一百多年前,一名英国商人来到中国,发现天朝居然有这么多人,异常兴奋。在商言商,这位商人是制帽子、卖帽子的。模仿英国绅士,一定要有派头,除了一只可以拿着玩的拐杖,一顶像样的礼帽必不可少。商人掐指一算,这么多人,每人买我一顶帽子,每顶帽子我赚一便士:"oh, my god,我该赚多少钱!"但想必大家都猜得出结果,这位商人不但没赚钱,而且破了产。那时候的天朝人民,爱辫子胜过爱礼帽,对礼帽并没有什么兴趣。大家也可以想象一下,礼帽下坠着个大辫子,摇头晃脑,子曰诗云,多滑稽的形象。

实际上,即便天朝皇帝模仿英国女王,给这位绅士颁发一个特许状,允许他向每个天朝子民收取一厘钱,他就能赚得盆满钵满吗?应该也不会,因为"头比身子重",收钱的成本大于收钱的收益。英国商人的伟大,在于他提出了一个好问题,面对这么多人,如何能从每个人身上赚一点点钱;而英国商人的悲剧则是提出了问题却找不到答案。或许,英国商人更加预想不到,他提的问题,居然是个世纪难题,因为问题的完美解答要等到一百多年后的公元 2005 年才出现。

2005 年,对普通人来说,是普普通通的一年,我是一个留校两年的"青椒",整天忙着写文章、评职称;那一年,诺基亚还是手机行业的龙头老大,智能手机还不普及,没有微信,没有王者荣耀,短信拜年还是一种时髦的方式。但那一年,对中国互联网产业发展来说,是很不平凡的一年。那年8月,雅虎用10亿美元换取了阿里巴巴40%的股权和35%的投票权,这个融资纪录维持了很多年,直到2015年京东融资15亿美元才被打破;那一年,周鸿祎在把3721卖给雅虎两年之后,"从良"创立了奇虎360,开始很"二"地颠覆雷军;也正是那一年,湖南卫视播出了一档超级火爆的电视选秀节目——超级女声(以下简称"超女")。

就像读《红楼梦》,不同的人会读出不同的味道,看超女,有人看到了创新、有人看到了炒作、有人看到了癫狂、有人看到了中性化,而在我看来,超女之于中国,最大的影响在于它第一次成功地解答了那个英国商人的世纪难题,即如何才能从千千万万的人手中收取一点点钱,因此赚得盆满钵满。

从商业模式上来看,超女的成功实际上是对传统电视节目的颠覆。"想唱就唱",超女一开始就面向大众,走向民间。任何女生,不管是个人还是组合,只要唱得好,都可以参加选秀,追逐一夜成名的明星之梦。海选、地区选拔赛、全国总决赛、专家点评、观众投票、亮灯灭灯、淘汰复活等一系列复杂有趣的规则,让厌烦了传统电视节目的亿万大众耳目一新,几近癫狂。之所以癫狂,是因为人们不再是呆呆地坐在电视机前观看明星们唱歌跳舞,而是可以到现场和自己的偶像一起唱、一起跳,为她加油、为她喝彩、为她投票、为她拉票。正是从这时候开始,偶像的支持者,英文单词"fans"在中国有了一个

"神"翻译——粉丝。不同的偶像有不同的粉丝,李宇春有"玉米"、周笔畅有"笔迷"、张靓颖有"凉粉"……

最激动人心的全国总决赛来临,规则很简单,所有的参赛者中,谁得票多,谁就是冠军,现场计票,现场出结果。但来自五湖四海的千千万万的投票观众,怎么投票?怎么收票?怎么计票?主办方早就想好了一个金点子——短信闪亮登场。湖南卫视与电信运营商们合作,每个粉丝,要支持自己的偶像,就发短信,谁的短信支持率最高,谁就是冠军。So easy!

当年的结果,大家知道的是,李宇春是冠军,周笔畅是亚军,张靓颖是季军;但大家或许不知道的是,即便抛开广告收入,单靠短信,运营方就赚得盆满钵满。2004年,超女短信总收入约1 300万元;2005年,则达到了3 000多万元。按照规则,粉丝要给偶像投票,首先要花1元钱定制短信(联通和小灵通用户为0.5元,小朋友们可能都不知道小灵通是个啥玩意吧?!),收到回复后才能投票,每投1票0.1元。投票可不是每人一票的民主投票,铁杆粉丝最多可以投15票。此外,一旦用户发送投票短信,就被运营商默认参与接收关于超女各类资讯的增值服务,基本服务费为6元。另外,还有一个月内发送15条超女花絮的服务,一条1元。这些都是钱,但这些小钱,对于一个支持偶像的粉丝来说,又算得了什么呢?

有位当代哲人讲过,任何大数,除以13亿,都变得很小;而任何小数,乘以13亿,都会变得很大。这说的实际上就是经济学中所谓的体量效应(size effect),也点出了中国不同于绝大多数国家的特殊国情。巨大的体量,具有能缩能放的魔力。收缩起来,很大一笔支出,摊到很多人身上,每个人都全然感觉不到；放大起来，很多人，每人只需贡献一点点，聚在一起就会形成很大一笔收入。任何人，只要找到某种方法从很多人身上收费，而且让收费收益高于收费成本，哪怕就高一点点，这人都是牛人，而这个方法，放在中国就是一个金点子，能够凭借中国巨大的体量效应，发出太阳般耀眼的光芒。

现在，超女不再火爆，短信也已式微，但"超女+短信"这个成功运营的商业模式，则随着互联网时代的到来被发扬光大。不管具体领域如何，这些商业模式的本质，都是为千千万万人中的每个人创造一点点价值，然后凭借几乎零成本的互联网支付手段，向千千万万人中的每个人收取一点点费用。每次收费不多，但比收费成本要高，即便只高一点点，乘以千千万万后，也是非常可观的数量。

这时候，大家肯定想到了摩拜和 ofo，抛开资本运作和互联网时代的补贴竞争不管，共享单车想做的事、想赚钱的方式，不就是当年英国商人想的吗？不同的是，英国商人生不逢时，那时候没有短信，也没有支付宝和微信支付。

这篇文章，献给已经作古的超女节目和已经式微的短信，因为在 2005 年，"超女+短信"解答了英国商人提出的世纪难题。献给超女和短信，是为了忘却的纪念。

2018 年 2 月 3 日

飞信策略的精妙与陷阱

现实生活中的人际交往是个挺微妙的事。熟人之间，彼此毫无芥蒂的时候，自然可以拿出手机就拨打对方的号码。但如果时间太晚，或者对方是威严的上级，或者是昨天刚刚吵翻的发小儿，打不打电话的选择，就让人犯难。打吧，人家不接怎么办？即便接通了，该怎么说也挺难办。许多话，想说可能没有机会说；真等到有机会说，却又不知道怎么说。这时候，发个短信，可能是最好的选择。一方面，不怕别人收不到，可以避免不接电话的尴尬。另一方面，也不用太担心别人高不高兴：高兴了，互相回复，一来二去如果再不尽兴，再打电话也不迟；若对方不高兴，自会当作没有收到这条短信。由此可见，发短信作为当时的一种技术创新，具有打电话难以替代的社会价值。

只要有重要的社会价值，就可能被用作企业间竞争的重要手段。分析短信，必然牵涉到中国移动和中国联通（后来又有了中国电信）。现在，大家应该已经很熟悉网络外部性这个概念了，意思是消费者购买某种产品或者使用某种服务能够得到的好处，与已经购买这种产品或者使用这种服务的人数正相关。通信业务正是有这样的显著特征。加入一个通信网络，已经加入的人越多，你打电话可以找到的人也越多，也会有越多的人可以打电话找到你。

中国移动和中国联通的竞争，与移动出行中快的与滴滴的平台竞争一样，每一家都希望能做大用户基础，触发网络规模优势背后的正反馈机制，干掉对手，赢者通吃。但做到这一点，有一个前提条件，即两家公司，或者两个平台的网络互不兼容、互不相通。

快的和滴滴做不到这一点，是因为用户的多栖，平台两端的用户，不管是司机还是乘客，都可以同时安装滴滴和快的，由于两家网络规模一样，谁家补贴多，用户就用谁的。阿里巴巴和腾讯，既然谁也别指望"耗死谁"，最终的结果自然是资本说话——两家合并。

而中国移动和中国联通做不到这一点，则是因为政府的"互联互通"规制。所谓"互联互通"，就是不管谁家用户，都可以不受歧视地接入另一家公司的用户。举例来说，中国移动不能阻止中国联通的用户给中国移动的用户打电话（网间通话），而且收费标准也不能高于中国移动用户之间打电话（网内通话）的标准；反过来也是一样。但最开始并不是这个样子。中国联通的133用户要给中国移动的138用户打电话，不但收费标准更高，有时候还打不通，"您拨打的电话网络正忙"很让人着急。容易理解，由于初始用户基础更大，不互联互通会让中国移动享受巨大的网络规模优势，进而会吸引更多用户加入中国移动的网络；如此循环下去，正反馈机制会被触发，则中国联通休矣。但这种情况至今并未发生，为什么？因为在政府"妈妈"眼里，中国移动和中国联通都是"亲生儿子"。手心手背都是肉，兄弟打架，老大得补贴，老二也得补贴，亏的都是自家的钱，死了、伤了，当妈的心里都不好受。兄弟之间，有什么问题讲不通，妈来协调。怎么协调？互联互通！于是就有了通话业务的互联互通。

但是，兄弟之间的矛盾依然存在。中国移动大哥还是惦记着怎么样利用自己更大的用户基础击垮中国联通小弟。短信技术出来后，大哥开始如法炮制，跨网用户之间发短信，不但收费标准高于网内用户之间发短信的收费标准，而且很多时候收不到短信，这多耽误事儿！既然大哥如此欺负小弟，当妈的也不含糊，如法炮制进行协调。怎么协调？还是互联互通！于是就有了短信业务的互联互通。

但是，兄弟之间的矛盾还没有被完全消除。中国移动大哥仍惦记着怎么样利用自己更大的用户基础击垮中国联通小弟，以及妈后来又生的中国电信小弟。这次，大哥看到了互联网，想到的法子是飞信。对中国联通小弟和中国电信小弟来说，飞信简直就是一把飞刀。大哥耍飞刀的套路是，只要是大哥的用户，下载一个PC客户端，注册一下，就可以免费往手机上发短消息。但记住，只能给大哥的用户发！只能给大哥的用户发！只能给大哥的用户发！没错，重要的事情需要说三遍。大哥耍飞刀的套路和之前相比，形式虽然不同，但目的完全相同——不让两个小弟和自己分享用户基础，希望触发正反馈机制，干掉两个小弟，赢者通吃。

两个小弟自然很不高兴，等着妈来协调。但这一次，还没有等到妈来协调，大哥的飞刀就被一个奇怪的动物给没收了。

这个奇怪的动物是一只来自遥远南极的企鹅，用的招数很炫，比如打飞机、节奏大师，等等。后来还衍生出一个叫微信的，英文名为 WeChat，意思是我们来聊天吧。怎么个聊法？除了一点点流量费，算是免费聊吧，而且没有70个字的限制。这个聊天功能可了不得，妈的三个孩子，不管是大哥、二弟，还是三弟，很快就身受重创，气血大亏。根据百度上的消息，三家电信运营商的短信收益，近年来基本上每年都以一个跌停板的速度指数下降。

现在，微信的成功已经成为神话。但回头去看，飞信在许多方面实际上已经具有微信的雏形。飞信不但已经对接互联网，而且开发者也一定有了互联网时代的经济思维。更加重要的是，与微信相比，电信三兄弟有一个不可比拟的天然优势，那就是后来的每个微信用户，都是它们的用户。最终输给腾讯，就好像是兄弟仨邀人打麻将，每家都拿着一副好牌，却钩心斗角，结果让外人来了个清一色。本以为三家分晋，谁道是四海归秦。

飞信为什么会功败垂成，我们以后再讲。单说微信，微信的成功，让腾讯市值冲破4万亿港元，已经超越脸书跻身全球前五。在腾讯市值节节高升的过程中，稳坐"鹅背"的人欣喜若狂，早早跳下"鹅背"的人则遗憾不已。在许许多多遗憾的人中，有一个注定是最遗憾的，那就是"小超人"李泽楷。看着腾讯市值义无反顾地往上冲，他是否很想像至尊宝一样默默地念叨：

曾经有百分之二十的宝贵股份拿在我手里，我却没有珍惜，等反应过来，才追悔莫及，人世间最痛苦的事莫过于此。如果上天能够给我一个再来一次的机会，我会对那百分之二十的股份说三个字：我不卖。

2018 年 2 月 4 日

微信，是如何灭掉 MSN 和飞信的？

腾讯市值破四万亿港元，跻身全球前五大公司，微信贡献巨大。一将功成万骨枯，微信一统江湖的厮杀中，剑锋所指，所向披靡，无论敌我，非死即伤。

微信获胜的秘诀，依然是互联网时代的经济逻辑。互联网时代，谁的用户基础大，谁就享有显著的网络外部性优势；一旦触发和引爆正反馈机制，必将所向披靡，赢者通吃。

托翁说，幸福的家庭都一样，不幸福的家庭却各有各的不幸。QQ、MSN 和飞信，同样是败在微信手下，但落败的方式各有不同。对微信而言，QQ 同出一门，亦敌亦友，有竞争，也有合作；MSN 和飞信，则是必须赶尽杀绝的竞争者。

微信替代 QQ，是腾讯壮士断腕的一次自我革命；微信击败 MSN，是腾讯蓄谋已久的生死决战；微信斩杀飞信，是腾讯跨界突袭的成功典范。对照中国历史，你会惊讶地发现，微信击败 MSN，好似秦赵之间的长平之战；微信斩杀飞信，则像刘备袭夺西川，费力不多，但收获甚大。

微信击败 MSN：秦赵长平之战

秦赵之战

长平决战之前，秦赵交兵已有数年。秦军主将王龁与赵军主将廉颇，互有胜负，难分伯仲。廉颇虽老，但在其坚壁清野、防守反击之下，秦军虽虎狼之师，也奈何不得。

长平决战前夕，两军先后换将。

首先是赵括换廉颇。面对廉颇这块难啃的老骨头，秦相应侯范雎想到了反间计——花重金收买赵王身边的人，给赵王不断"灌迷魂药"，说"秦之所恶，独畏马服子赵括将耳，廉颇易与，且降矣"（《史记》）。意思是说，秦国最害怕的是马服君赵奢的儿子赵括出任赵国的将领，老将廉颇则非常容易对付，他很快就要投降了。赵王本身对战争的局势没有清楚的认识，不知道廉颇的策略看似保守，却是当时赵国最佳的选择。两军对垒，耗资巨大，赵国如此，秦国更是如此。只不过赵王一方面对廉颇之前打了几次败仗已经非常愤怒，另一方面想速战速决，觉得廉颇坚壁清野是被秦国吓破了胆，是个不堪用的"怂包"。于是他听信谗言，撤掉廉颇，换上了"纸上谈兵"的赵括担任赵国主将。

其次是白起换王龁。在给赵国施反间计的同时，秦国还施障眼法先雪藏了"战神"白起，让王龁做主将攻打赵国。而当决战来临，秦国果断换下王龁，秘密起用武安君。虽然赵括曾吊打王龁，但对白起则是避之不及的。一句"武安君来了"，赵括即闻之胆寒，赵军兵败如山倒。有历史学者猜测，此战之后除了240个年纪尚小的士兵，共计四十余万赵军被坑杀。赵国从此元气大伤,再也无力阻挡秦国统一的步伐。当然,愚蠢的人会犯同样的错误,赵国后来再中反间计,杀掉名将李牧,加速亡国,这是后话。

微信击败 MSN

腾讯和微软,在即时通信领域,早已交战多年,相互胶着,胜负难分。

腾讯的企鹅大军,主将 QQ,粉丝无数;而微软的视窗大军,主将 MSN,拥趸也不少。QQ 起于本土,编织关系网,收罗游戏玩家,不分出身,不问贵贱,来者不拒,多多益善。但总的来说,最喜欢用 QQ 的,是中小学生、网吧、打印店,等等。MSN 则漂洋过海,来自大洋彼岸的美利坚,又有比尔·盖茨的神光加持,自然吸引了无数城市"小白"。这些人,有点点"小清高",不喜欢眼前老有个企鹅跳来跳去,也不喜欢自己工作、学习时被"嘟嘟嘟嘟"的声音所打扰。

腾讯认识到,与微软连年激战,之所以难分胜负,是因为 QQ 的粉丝和 MSN 的拥趸是两拨人,难以合群。物以类聚,人以群分,形成这种社会群体身份认同差异的原因是傲慢与偏见。用现在流行的话说,喜欢 MSN 的人,觉得使用 QQ 的人有点"low";而喜欢 QQ 的人,对推崇 MSN 的人也看不顺眼,觉得"装什么装"。笔者亲身体验,与 MSN 相比,QQ 就像是成群的企鹅,的确有点吵、有点闹,但要论信息传输速度、文件传输大小,QQ 甩了 MSN 不止一条街。但即便如此,QQ 的粉丝和 MSN 的拥趸,都是各自阵营的坚定支持者,不愿改弦易辙。

2011 年 1 月 21 日,决战终于到来。腾讯果断临阵换将,撤下 QQ,换上微信。QQ 变微信,"我们聊天吧"的新马甲让人颇感亲切。有钱就是任性，一场漫天飞舞的红包雨，让每个人都放下矜持、抛弃偏见，粉丝和拥趸互相认同、鸿沟不再，微信很快将 MSN 的拥趸悉数纳入帐下。结果，微信既有了原来 QQ 的粉丝，又有了 MSN 的拥趸，网络外部性优势大增。MSN 再也难以招架，三年后黯然退出中国。

微信斩杀飞信：刘备袭夺西川

刘备袭夺西川

刘备夺取西川，靠的是突袭。刘璋当时一门心思想着怎么防备张鲁，全然不认为远道而来的刘备才是心腹之患。

诸葛亮说刘璋"暗弱"，意思是说他识人不明，看不清大势，做事缺乏勇气和魄力。刘璋着眼于疥癣之疾的张鲁，拒绝了黄权的正确建议，失去了抵御刘备的最佳时机。等到刘备破葭萌关，长驱直入，兵临成都，刘璋签城下之盟已不可避免。

微信斩杀飞信

微信斩杀飞信，也有突袭的效果。

中国移动开发飞信，已经将触角伸到互联网，可面对互联网的蓝海，却一门心思只想怎么对付中国联通和中国电信。中国移动对付中国联通和中国电信的方法，就是制造非兼容性。但在当妈的看来，非兼容性必然会导致三个儿子之间的补贴竞争，而补贴消费者，怎么看都是国有资产流失。

面对政府的互联互通规制，中国移动大哥所能做的，实际上非常有限。既要即刻赚钱，又要杀伤对手，飞信已经是一个非天才不能设计的"华丽飞刀"。上次说过，飞信的运营模式是，中国移动的任何用户，只要下载一个 PC 客户端，注册一下，就可以给手机用户免费发短消息，但只能给中国移动用户发。

杀伤对手，很容易理解，不是我的用户，不能享受免费；反过来，要享受免费，就必须成为我的用户。杀伤对手的关键，是把对手的用户吸引过来。但免费的话，又如何即刻赚钱？这实际上是个很微妙的事情。

不要忘了，飞信只是从 PC 客户端发短消息免费，而手机用户间互发短信，仍然是一条一毛钱。短信交流，本质上是一个发送者与接收者之间的互动游戏。

有飞信之前，发短信有成本，回短信也有成本。如果没什么特别重要的事情，除非土豪，还要是一个能够熟练掌握手机输入法的土豪，没有人会愿意有事没事就给别人发短信。

但引入飞信之后，电脑打字很快，又免费，于是在发送者与接收者的互动游戏中，发送者就有了"过度"发送信息的激励。

在我的印象中，许多单位正是在这个时候，不管大事小事，开始广泛使用飞信发送集体通知，上百号人，唰的一下，免费发送完毕。收到信息的人怎么办，总归要确认一下吧，哪怕回复两个字"收到"或者"谢谢"，仍然要一毛钱。现在明白了吧，飞信赚钱的奥妙正是互联网逻辑下的"失之东隅，收之桑榆"，失在发送短信，收在回复短信。

公允地说，如果单将眼光放在电信竞争的格局之下，飞信的确是个一箭双雕的妙招，既能杀伤对手，又能即刻赚钱。但问题是，企业竞争就好比下围棋，没有全局眼光，局部下得再精彩，最终也难逃投子认负的结局。互联网时代，一旦排斥中国联通和中国电信用户的飞信，遇上拥抱中国移动、中国联通、中国电信以及各种身份认证的微信，就输掉了用户基础；等到腾讯发起暴风骤雨式的攻击，引爆网络外部性背后的正反馈机制，飞信败局已定。

2018 年 2 月 5 日

互联网时代，看广告是一种美德

经济学中有一个基本原理，即天下没有免费的午餐。长久以来，人们对此深信不疑。"谁获益，谁付费"，是市场交易的基本法则。但在互联网时代，很多人认为这个原理已经过时，因为免费乃至补贴随处可见。滴滴和快的打架，竞相给乘客或者司机补贴；摩拜和 ofo 打架，竞相免费骑行；如此等等，不一而足。

但正如卡尔·夏皮罗和哈尔·范里安在《信息规则：网络经济的策略指导》(*Information Rules*: *A Strategic Guide to The Network Economy*) 中所阐释的，互联网时代许多新的商业模式层出不穷，貌似颠覆传统，但透过现象看本质，绝大多数经济规律依然成立。天下没有免费的午餐正是如此。免费的午餐并非真的是免费的，而是有人替你买了单。为何有人愿意为你买单？是因为互联网时代，市场突然变得善心浓郁、大爱满满吗？应该不是！君不见资本市场恶意套现、产品市场假货盛行、电信市场骗子猖獗，依然如故。

既然如此，那原因到底是什么呢？阐释这个问题，最好的分析起点是交易、交易的外部性（externality），以及交易外部性的"内部化"。

任何交易，都可以被看作某种形式的买卖关系。自愿交易若要达成，必然要求卖家 S 对"标的物"的评价 s 低于买家 B 的评价 b；如果买卖双方能够商定价格 p，使得 $s<p<b$，则按此价格交易，买卖双方都能因此获益，卖家获益 $p-s>0$，而买家获益 $b-s>0$。

这里只考虑完全信息，而不考虑非对称信息和交易成本带来的复杂性。在完全信息下，只要 $b>s$，交易双方总是可以找到一个 p，使得 $s<p<b$，使得双方都能从交易中获益。但若 $b<s$，将不存在任何价格使交易成为双赢之举。

现在考虑交易的"外部性"，及其对交易机会的影响。设想市场中除了 B 和 S 之外，还有一个第三方 A。外部性的含义是，本来是 B 和 S 之间的交易，却会对 A 产生影响。

不妨假设，如果 B 和 S 达成交易，A 的净收益会发生一个变化 a。

如果 $a=0$，则说 B 和 S 的交易没有外部性；

如果 $a>0$，则说 B 和 S 的交易对 A 产生了正外部性；

如果 $a<0$，则说 B 和 S 的交易对 A 产生了负外部性。

互联网对经济社会的一个重大影响是，让许多本来不具外部性的交易行为，展现出了巨大的正外部性；进一步来说，互联网又为内部化这些外部性提供了现实的可能性。

不妨假设，最开始交易只可能在 B 和 S 发生，但问题是 $b<s$，因而并不存在任何双赢的交易机会。

但随着互联网时代的到来，A 开始受到 B 和 S 交易的影响。特别值得分析的情况是，如果 B 和 S 发生交易，不但 A 会获益，而且获益额 a 超过 $s-b$。这意味着，如果 B 和 S 不交易,全社会的净收益为0,而一旦B和S发生交易,全社会的净收益将为$a-s+b>0$。

预期到这个结果,本来"置身于外"的第三方A就非常有积极性推动B和S进行这项交易。但给定B和S之间无法达成双赢,A要促进交易,就必须对B或/和S进行补贴,让他们考虑到补贴之后,交易变成双赢之举。

实际上,只要$a-s+b>0$,总可以找到B和S之间的某个交易价格p,A对B的补贴m,A对S的补贴n,使得

(1) $p-s+m>0$,这意味着交易对卖家S是有利可图的;

(2) $b-p+n>0$,这意味着交易对买家B是有利可图的;

(3) $a-m-n>0$,这意味着交易对第三方A也是有利可图的。

抛开这些抽象的字母,上述分析的实质是,随着A的介入,交易的外部性被内部化了。根据张五常先生的理论,交易之所以有外部性,是因为缔约的不完备。既然A的利益受B和S的交易影响,那么,如果交易缔约只在B和S之间进行,就对A产生了所谓的外部性。而一旦A也被纳入交易的缔约方,外部性将随之消失,或者说外部性被内部化了。

互联网的巨大影响,是让本来信息分割的人们开始生活在一个"虚拟的生态系统"之中;而信息技术和大数据又可以使人们发现各种"外部性"并将其"内部化"。

每一种外部性的内部化,都体现为一种新的商业模式;每一种新的商业模式的出现,本质上都是由"企业家精神"所推动的。外部性存在,意味着经济存在套利机会;存在套利机会,意味着经济没有达到均衡;将外部性内部化,或者是实现套利机会,结果就是让经济从非均衡(disequilibrium)走向均衡。这

种企业家精神，正是奥地利学派代表人物柯兹纳所强调的企业家精神。

讲完理论，举例现身说法：公众号本来是作者与读者之间的一个双边"交易"，作者"免费"向读者提供作品，而读者愿意成为粉丝，必然是因为作者的作品对其提供了某种价值。但绝大多数公众号推文肯定不是"刚性需求"，需求的价格弹性很大，因而很少有作者会向读者收费。当然，免费还有更重要的原因，许多作者都将公众号视为表达自我、向社会发出声音的一种渠道。比如，"来谈经济"公众号的宗旨就是以通俗的语言普及经济学知识。

但是，讲求斯文，并不反对讨论金钱。公众号实际上就是前面所述的"生态系统"，而腾讯公司运营这个平台的许多机制，也正是围绕外部性的内部化而设计的。

第一，赞赏功能。尽管读者可以免费阅读，但如果真的觉得好，可以赞赏。

通过赞赏，作者觉得被社会认可，而读者则觉得是在为知识付费。金额虽小，背后的学问却很大。这正是诺奖获得者乔治·阿克洛夫等人对礼物赠送（gift-giving）及社会习俗（social norm）所做的分析。

第二，广告功能。公众号的政策是，一旦总用户数超过一定量，就可以开通广告功能，公众号平台可以根据公众号内容及读者特征的大数据，自动插入广告信息。

随着广告商的加入，本来只是作者与读者之间的双边关系，就变成了一个极具互联网特性的多边关系。作者通过公众号向读者提供内容，平台向公众号推送广告，读者在阅读公众号的时候点击广告；而读者点击广告之后，有些人或许会被广告吸引而购买产品，但其实不管读者购买与否，广告商都需要向作者（流量主）支付一定的广告费，而平台则会享受一定比例的抽成。或许是因为互联网发展进入高级阶段，广告商争取流量越来越难，它们对一个有效点击的出价居然可以达到一块钱。

总结来说，互联网深刻地改变了人类社会，但并没有颠覆"天下没有免费午餐"的经济规律。如果你觉得某种商业模式提供了免费午餐，那必然是你没有看到该商业模式的全貌。

所谓免费，并非真的免费，而是在一个复杂的多边关系中，某些或隐或现的缔约方为了促成对自己有利的交易的策略选择。本文的例子中，这种缔约方标示为 A，因为他们很多时候是广告商（advertiser）。在复杂的互联网生态系统中，广告商似乎很烦人，但实际上正是他们发现和内部化了各种潜在的外部性，进而促进了许多本来不可能发生的多赢交易。

所以，互联网时代，看广告是一种美德。

2018 年 7 月 21 日

电商来袭,几家欢喜几家愁?

过去 20 年里,电商迅猛发展。根据贝恩公司与阿里巴巴研究院联合发布的 2015 年中国电子商务市场研究报告《互联网品牌化和品牌互联网化》,2014 年中国线上零售总价值约为 2.9 万亿元,渗透率达 11%。[①]

现在,一年一度的"光棍节"(11 月 11 日),已经成为全球瞩目的网上购物狂欢节,节日交易量年年创纪录。但与此同时,实体店的"关门潮"也屡屡发生。"2015 中国连锁百强"调查报告显示,2015 年连锁百强销售规模同比增长仅 4.3%,为 2010—2015 年历年最低。[②] 例如,曾是国内最大连锁百货企业之一的万达百货,2015 年在全国范围内关闭了 50 多家门店,并压缩在上海、青岛等地 25 家门店的经营面积。

电商和传统实体店的激烈竞争,众多学者和公共决策者颇为关注。电商与传统实体店到底如何竞争?什么因素影响了二者的相对竞争优势?电商发展如何影响产品价格?如何影响实

---

① 2015 年度中国电商报告《互联网品牌化和品牌互联网化》[EB/OL].(2015-11-13)[2018-06-02]. http://www.ocn.com.cn/news/hongguan/201511/hdknp13154413.shtml

② 2015 中国连锁百强出炉[EB/OL].(2016-05-03)[2018-06-02]. http://www.ccfa.org.cn/portal/cn/view.jsp?id=425155

体店的进入和退出决策？如何影响厂商利润、消费者剩余和社会总福利？政府是否有必要采取相关的政策工具对电商进行规制？

为分析上述问题，可以设想市场中有两类厂商：网店和实体店。消费者去实体店购买产品，需要支付交通成本，网购可以避免交通成本，但需要支付快递成本。不同位置的消费者，去实体店的交通成本不一样，但快递成本却基本上是相同的。

进一步来说，不同消费者的网购成本是不同的。有些消费者，由于不能熟练使用或者不方便使用互联网，网购成本很高，乃至不会网购；而另外一些消费者，则能方便熟练地使用互联网，因而网购成本很低。

我们讨论三个核心因素：开实体店的固定成本、网购的快递成本、城市的单位交通成本。显然，开实体店的固定成本越高，网购的快递成本越低，城市的单位交通成本越高，网店的相对竞争优势就越大。

分析表明，随着网店的竞争优势逐渐增加，市场依次会经历如下四种发展阶段：

首先，如果网店的竞争优势特别弱，实体店可以完全无视网店的存在，网店也不可能在市场中存活。这大概对应于互联网很不普及，马云还被认为是骗子的阶段。

其次，随着网店的竞争优势逐步加强，实体店必须通过降价才能阻止网店进入市场。这时候，网店依然无法存活，但它们已经开始对实体店产生了实实在在的竞争压力。这大概对应于淘宝平台仍然大幅亏钱的阶段。

再次，随着网店的竞争优势进一步加强，阻止网店进入市场不再是实体店的最优选择,网店开始闪亮登场。此时,对每个实体店而言,不但要和附近的其他实体店抢夺高网购成本消费者,同时也要与网店抢夺低网购成本消费者。这大概对应于马云和王健林设下一亿元赌局的阶段——2012年,两位大亨有个赌局,即"十年后电商在中国批发市场的份额能否过半",当然马云是正方代表,王健林是反方代表。

最后,当网店的竞争优势特别强时,与网店竞争抢夺低网购成本消费者不再是实体店的最优选择,此时就会产生明显的线上、线下市场分割:网店服务低网购成本消费者,而实体店专注于服务高网购成本消费者。这大概对应于王健林赌局认输的时候。后来王健林谈及上述赌局时称:"当时我是反对意见,现在来看这个赌局本身已经是一个笑话了。"①

通常认为,对消费者来说,网店是实体店的一种替代方式;网店的竞争优势越大,实体店的价格就会越低,消费者必然会因此而获利。但事实并非必然如此。

网店的竞争优势增加,实体店有两种反应方式,一是调整价格,二是退出市场。短期来看,实体店数目给定,网店竞争优势的增加(如快递成本降低),一定会降低实体店的定价。但长期来看,实体店可以自由退出市场,此时网店相对竞争优势的增加,就不一定会降低实体店的定价,甚至有可能提高实体店的定价。

这种结论,貌似"反直觉",但并不难理解。电商的相对优势增加,短期内迫使传统实体店降价并遭受亏损,但实体店长

---

① 张培明. 王健林走心访谈:与马云赌局现在看已是笑话 [EB/OL]. (2015-11-12) [2018-06-02]. https://business.sohu.com/20151112/n426189223.shtml

期亏损必然导致"关门潮",而一旦大量实体店退出市场,幸存实体店之间的竞争变弱,它们就可以提高定价。

  特别地,如果电商的相对竞争优势特别强,线上、线下市场分割将会发生,即实体店完全放弃网购消费者,而只是专注于那些不会网购的消费者。羊毛出在羊身上,此时人数很少的线下消费者,必须分担实体店的成本,其结果就是,网购价格下降,而线下消费的价格不降反升。

2018 年 6 月 2 日

拼多多上市
不是"消费降级"的充分证据!

最近,"消费降级"的提法引起了社会各界的广泛关注。之所以如此,主要有两个方面的原因:

第一,近期的确有一些不同寻常的经济现象发生,让老百姓对"消费降级"感同身受,产生了强烈共鸣。

第二,近些年,社会各界关注的热点问题是如何通过供给侧改革来促进产业转型和消费升级,因此当媒体报道的热点突然变成"消费降级",人们的眼睛就被吸引了。

从各种媒体报道可知,许多人之所以得出"消费降级"的结论,最受市场追捧的证据就是电商平台拼多多赴美首次公开募股(IPO)。这些人的基本逻辑是:与阿里巴巴和京东相比,拼多多主要销售的是低端的、低质的、山寨的,甚至是假冒伪劣的产品,而拼多多能在短短三年内爆炸性增长,并在国外成功上市,这就意味着人们已经无力消费高端产品了,只能进行消费降级。类似的证据还有,在整个A股哀鸿遍野的时候,代表低端消费品的涪陵榨菜却股价一路上扬。我们认为,这种论证方法看起来很有吸引力,但理论逻辑有失严谨,其所得结论也值得警惕。

给定在位电商（阿里巴巴和京东）代表高端，拼多多代表低端，那么最核心的问题是，拼多多的强势崛起，到底是抢夺了在位电商的市场需求，还是挖掘了新的市场需求？

根据著名 IPO 调研机构文艺复兴资本（Renaissance Capital）分析师凯瑟琳·史密斯的研究，拼多多采取了"以农村包围城市"的发展战略，在中国三四线城市以及更小的乡镇取得了优势。"他们专攻阿里和京东触角未及的小地方，并且主打朋友家人分享互动的社交概念，这种模式对投资者而言很有吸引力。"①

由此可见，拼多多的成功，不是在位电商的消费者进行消费降级的结果，而是它成功挖掘了大量的、被在位电商所忽略的低收入消费群体。

同样，利用涪陵榨菜的例子来论证"消费降级"更是缺乏足够的科学性。如果这个逻辑成立，那贵州茅台股价一路上扬，是否说明了消费在持续升级呢？或许有人说，最近贵州茅台股价也的确下跌了啊，但之前代表奢侈品消费的贵州茅台股价一路上扬时，同样来自贵州的、代表低端消费品的老干妈也是牛气冲天，这岂不是自相矛盾了？

一个上市公司是否成功，不但取决于其产品本身的定位，还取决于企业家精神等其他很多因素。类似的产品，张三不能做好，李四却可以做得风生水起。

---

① 拼多多敲钟上市！80 后学霸创业 3 年 身家超过刘强东［EB/OL］.（2018-07-27）［2018-09-04］. http://www.cs.com.cn/xwzx/hwxx/201807/t20180727_5848515.html?from=groupmessage&isappinstalled=0

所以，切不可先验地给某个企业贴上"消费降级"的标签，然后还以这个标签去判断经济形势。很显然，一旦中国经济真的出现了消费降级，这必然会对各种政策制定产生重要影响，因此，我们必须以谨慎的态度审视关于消费降级的论断。

本文分析表明，现阶段是否真的出现"消费降级"，还有待后续观察，且不可贸然给出定论，更不可贸然制定一系列没有真实目标的"应对措施"。

2018 年 9 月 4 日

"店大欺客" vs. "客大欺店"

与传统的线下交易相比,线上交易的独特之处是电商平台提供的消费者评价体系。借此,消费者在购买产品之后,可以对商户的产品乃至服务质量做出评价——觉得好,给好评;觉得差,给差评。这种机制极大地改变了商户与消费者之间的力量对比,进而对市场运行机制产生了本质性影响。

店家与顾客永远是欢喜冤家。自愿交易固然可以同时提高双方福利,但任何一方都希望多占有交易剩余。依赖于双方的力量对比,交易结果可能是"店大欺客",也可能是"客大欺店",但通常情况都是"买的不如卖的精"。因为店家更加了解自己的产品质量信息,在交易中占据优势地位,进而可能欺诈消费者。

传统的线下交易中,面对店家的欺诈,消费者通常无可奈何。由于各种制度和技术性障碍,相对于交易损失或预期赔偿所得,投诉成本更高;对消费者来说,投诉得不偿失,故绝大多数情况下,消费者的理性选择是"自认倒霉"或"惹不起但躲得起"。

线下欺诈有所得,而成本不过是失去这个消费者而已,因此欺诈就会对店家很有吸引力。欺诈某个消费者,其他消费者难以知情，依靠信息不对称对消费者"分而治之"，是欺诈盛行的本质原因。

线上交易彻底改变了这种情况。电商平台提供的消费者评价体系，能让消费者以很低的成本对消费体验做出评价，这自然鼓励了消费者的信息披露；更加重要的是，每个消费者的评价结果，都可以被其他消费者看到。所以，消费者评价机制的本质，是让所有消费者实现了信息共享。

于是乎，任何一条差评都会让店家战战兢兢、如临深渊；而传统的"店大欺客"，也就貌似变成了"客大欺店"——一种对社会有益的良善之"欺"。当然，线上交易能否真正实现"童叟无欺"，还有待进一步观察和分析。

2018 年 5 月 6 日

"刷信"真的很坏吗?

之前已说明,线上交易改变了商户与消费者之间的力量对比,让线下常见的"店大欺客"变成了线上常见的"客大欺店"。其中的关键是,线上交易中的消费者能够以很低的成本,对商户的产品及服务质量打分,而每个消费者也能看到其他消费者的打分。本来在信息上被"分而治之"的消费者实现了信息共享,这极大地提高了商户欺诈的成本。可以将此看作分析线上交易的基准情况。

本文则考虑一些更加复杂也更加有趣的问题:第一,消费者如何对商户进行打分,是好评还是差评?第二,商户是否有积极性"刷信",而"刷信"又有什么影响?第三,商户"刷信"与消费者恶意差评,哪一种行为的社会危害性更大?

先看第一个问题。线上购买产品,消费者本质上购买的是一种"捆绑产品",即产品本身加递送服务。通常,产品质量及递送服务的质量难以事前观察,但可以事后感受;在此意义上,线上购买产品是一种"体验品(experience good)"。

根据之前的分析,针对"体验品",消费者有积极性通过某些信号来推断产品质量,而一个合理的假设是:某个商户的线上评价越高,消费者越愿意从该商户处购买产品。

消费者线上购买产品之后,就可以获知"捆绑产品"的实际质量与预期质量之间的差异。由于给出评价是有成本的(经济学家称之为"菜单成本"),只有当实际质量严重"超预期"时,消费者才有积极性对商户给出评价:如果觉得特别好,则点个赞,给好评;如果觉得特别差,则给差评。

消费者之间是有差异的,这种差异可能取决于其心情好坏、脾气好坏,以及是否挑剔等;所以,即便是相同的产品质量,不同的消费者对于"超预期"的理解也不相同。但一个合理假设是所谓的"一阶随机占优"(first order stochastic dominance),即捆绑产品质量越高,消费者给出好评的可能性越大,或者给出差评的可能性越小。如果假设再强一点,即产品质量与评分之间存在"单调似然率"(monotone likelihood ratio property)性质,则可以反过来推理,评分越高,预期的产品质量更好的可能性也越大。现实生活中,人们在线上交易时,之所以参考商户的评分,其背后机理大致如此。

明眼人一下就会发现,给定消费者如此思考,商户将有积极性通过"刷信"来操纵消费者评分:商户会冒充消费者,自己"购买"自己的产品,然后给出很好的评价。这意味着,真正的消费者所看到的商户评分被注水了,或者说,消费者被商户的"刷信"行为欺骗了。

没有人喜欢被骗,于是许多人对"刷信"口诛笔伐,认为正是"刷信"行为导致线上的假货泛滥,只有严厉打击"刷信"行为,才能遏制假货泛滥和净化线上交易。

但本文的基本观点是,从信息经济学的角度看,这种常识性的观点和建议在本质上是错误的。为何?"刷信"的本质是广告,在合适的情况下,广告对社会是有益的,而真正对社会有害的,或者说妨碍广告发挥有利作用的,则是消费者恶意差评的行为,因为这干扰了消费者差评本来所具有的信息价值。

很容易理解,商户之所以愿意"刷信",是因为消费者认为评价高的商户的产品质量更有保证,因为即便考虑到"刷信"行为,用户评价与商户的产品质量之间仍存在"单调性关系",即评价越高,质量越高。

我们首先需要讨论的是,在何种情况下,即便存在"刷信"的可能性,商户的产品质量仍然与用户评价正相关。要让这个命题成立,所需要的条件正好是前面所论述的单调似然率性质。

进一步的问题是,在何种情况下,单调似然率条件是得到满足的。反过来说,我们需要注意的是,在何种情况下,单调似然率条件是不满足的?

一种很明显的不满足单调似然率条件的情形是,某些消费者在"充分"信息共享情况下的"客大欺店",即某些消费者通过"恶意差评"来敲诈商户。所谓恶意差评,是说消费者的网上购买体验本身是很不错的,但出于敲诈的恶意,给商户给出差评。给定其他消费者持有"消费者评价越高,商户的产品质量越好"的信念,一旦某个消费者对本来优质的商户给出差评,他就会以很低的成本带给商户很大的损失(这非常类似于吴思先生所谓的"合法伤害权"),而商户为了避免或者消除这种损失,将有积极性"贿赂"这些恶意差评者。

商户对某个恶意差评者做出赔偿,貌似只是社会福利在不同人群之间的简单转移,但实际上,恶意差评的社会危害远不止于此。简言之,恶意差评,破坏了评价的信号价值。本来消费者对商户产品的购买意愿或者支付意愿是与消费者评价正相关的，但由于恶意差评，这种简单的正相关关系将不复存在（单调似然率条件不满足了）。所以，要让消费者的评价能够准确反映商户的产品质量，第一个条件就是消费者必须不能进行恶意差评。

一旦剔除了恶意差评的可能性，则"刷信"的社会危害就没有那么严重。一言以蔽之，"刷信"在本质上是一种"广告"。人们对"刷信"的信任或者不信任程度，与人们对广告的信任或者不信任程度应该是一样的。等价地说，如果一个人相信广告是合理的，但同时认为"刷信"是不可接受的，那么，他在经济逻辑上是自相矛盾，或者说是站不住脚的。

说明这一点，必须首先理解广告为何有信息价值。广告是否可信，取决于"施马兰西效应"与"奈尔逊效应"之间的相对强弱。施马兰西效应是说，在一次性博弈中，利用广告骗人是广告者的最优策略（"卑鄙是卑鄙者的通行证，高尚是高尚者的墓志铭"）；而奈尔逊效应是说，在重复博弈中，只有那些产品质量好的企业，才敢放弃限期收益以换取将来的更大收益（"路遥知马力，日久见人心"）。简单来说，广告之所以可信，是在重复博弈的情况下，企业现在做广告让消费者体验产品是亏钱的，但长期则是赚钱的：如果产品是低质量的，消费者体验之后就不会重复购买，进而考虑到广告成本之后，企业是亏钱的；反之，如果产品是高质量的，消费者体验之后会重复购买，进而企业未来的利润会弥补当期损失。

这样，给定消费者持有如此信念，即高评价商户的产品是高质量的，那么，商户的"刷信"行为在本质上完全类似于一种广告行为。这里必须注意的一点是,"刷信"不是免费的,而是有成本的!比如,商户通过苹果手机的支付系统下单,则任何交易金额都必须给 Apple Pay 支付一定比例(3%)的手续费。由此不难理解,不光是消费者的评价,商户的总交易量也都是有信号价值的!

第一,如果商户的交易量很小,这时候即便该商户的平均评价很高,消费者也不一定太当真;因为这种高评价可能是商户"刷信"的结果。

第二,如果商户的交易量很大,消费者就会认真对待,原因在于好评与差评之间的非对称性。假设消费者观察到差评会显著地降低自己的购买意愿,那么,一个商户之所以拥有很大销量,必然是因为其所销售的产品质量不差。这里特别需要指出的是,尽管每一笔"刷信"的成本很低,但刷很大量的单,对商户来说也是难以承受的。反过来说,即便产品质量不好的商户通过"刷信"而暂时欺骗了消费者,但只要消费者的点评行为不被限制,那么一旦发现产品质量不好,被欺骗的消费者在购买之后就更有可能给出差评,而这会急速拉低商户的消费者评价。由此又进一步推断,即便考虑到商户的"刷信"行为,如果商户的消费者评价很高,这将证明商户的产品质量更有可能是高的。

第三,给定单调似然率假设条件成立,大致说是商户的高评价可以反推商户产品的高质量,那么,只有高质量商户才愿意进行"刷信"。这一点听起来有些蹊跷,但实际上很符合人们的直观感受。只有当商户的产品质量很高时,"愚弄"消费者才有利可图,因为这时候一旦消费者被"愚弄"而购买了产品,就会发现这个产品的确是高质量的，进而会重复购买并进入一种良性正反馈。但反过来，如果商户的产品质量不好，他可以骗人一时，却不可以骗人一世；虽然消费者起初可以被"愚弄"而购买产品，但购买后，他们就会发现产品质量差，进而会愤怒并给出差评，这就会让商户的"刷信"行为前功尽弃！

上述推论意味着，"刷信"在本质上就是广告，人们对刷信的信任或者批评程度，就是人们对广告的信任或者批评程度，别无二致。

然则，"刷信"是否可信？从上面的分析可以发现，"刷信"要可信，必须满足信息经济学里面所谓的单调性条件，即只有高质量商户才愿意"刷信"。而从理论上来看，只要单调似然率条件是满足的，这个条件就是满足的。但是，有一个例外会破坏这种"单调性"，那就是消费者的恶意差评。有些消费者认识到其评价对于商户的重要性，即恶意差评会对商户带来重大伤害，他们就有可能通过恶意差评来敲诈商户。一旦这成为现实，消费者评价与商户产品质量之间的正向单调关系将不复存在，进而"刷信"的信号现实功能也将不复存在。

写到这里，结论很清楚了。"刷信"本身并不是问题，关键问题是"刷信"在何种条件下才不会影响消费者评价与商户产品质量之间的正相关关系。这个条件就是消费者必须不能给商户恶意差评！

所以，虽然广大消费者对"刷信"行为深恶痛绝，但他们真正应该痛恨或者反对的，是少数消费者的恶意差评行为；因为正是这种行为，破坏了"刷信"作为一种广告行为的信息传递功能。

有句名言说,堡垒往往都是从内部攻破的。对于线上交易来说,带给消费者最大危害的,并非商户,而是消费者内部为了私人利益而通过恶意差评去敲诈商户的一小撮消费者,此之谓害群之马也——他们破坏了消费者评价规则,以及"刷信"的信号传递功能。

2018 年 5 月 11 日

如何破解"黑心外卖"?

现在,点外卖已成为许多城市人的生活常态。有了外卖服务,人们拿出手机,打开 App,点一点,就可足不出户填饱肚子,甚至说享受美食。这种交易方式极大地节省了人们买菜做饭,或者外出就餐的时间成本。

外卖方兴未艾,是互联网消除信息阻隔而促进市场分工的典型例子。由于互联网,许许多多本来以家庭为单位的"小市场"开始整合成一个"大市场",而根据亚当·斯密的理论,市场范围的扩大,必然会促进分工程度的加深。外卖的兴起,就是分工程度加深所形成的新的商业模式。

这是一种创造性破坏的过程,它将"消灭"千千万万个只为自己的小家提供饮食服务的、手艺通常有限的"家庭主妇"或者"家庭煮夫",同时也将催生为千千万万家庭提供饮食服务的、专业化的餐饮公司和递送公司,以及诸如美团之类的对促成这种交易起关键作用的平台公司。

但是,外卖产业快速发展的同时也出现了很多问题。其中最受诟病、也是媒体报道最多的则是"黑心外卖"的问题,其本质是以次充好、名不副实。比如外卖 App 上展示的店面看起来很光鲜、很干净,但消费者实际上拿到的饭菜,却出自臭气熏天、蚊蝇乱舞、卫生极差的"黑心作坊"。老板如果再心黑一点,为了降低成本,还有可能用上诸如地沟油之类的有毒原料,想起来就让人心有余悸!

黑心外卖屡禁不止,犹如一颗老鼠屎坏了一锅汤,极大地扰乱了外卖市场秩序。有不少人将其视为"道德沦丧""世风日下"的证据,并以此尖锐批判市场机制,强烈要求平台加强审核,并对涉事方进行严厉惩罚。

沉疴须下猛药,这固然不错。但问题是,受制于相关法律规定,尤其是执行成本等方面的原因,单纯依靠法律并不能完全解决问题。对消费者及守法经营者而言,这无疑是个坏消息。但实际情况也并不如此悲观,因为还有个好消息,只要交易平台应对得当,通过合理的激励机制,发动监督黑心作坊的"人民战争",基本上就可以解决这个问题。

作为分析的起点,不妨假设市场中总是有一些餐饮公司的老板是"机会主义者",只要有利可图,就丝毫不顾及道德限制。所以,一旦机制设计能够让这些机会主义者走端行正,问题就解决了。既然他们是唯利是图的机会主义者,那么走端行正的收益必须高于开黑心作坊的收益。

从信息不对称的角度,我们可以将外卖视为介于"体验品"和"信任品(credence good)"之间的特殊产品。说其是体验品,是因为诸如递送时间、饭菜味道等质量信息,尽管消费者在购买前不确定,但体验后是可以清楚知道的。说其具有信任品的性质,则是因为饭菜的原料,比如是否使用了地沟油,以及饭菜制作过程是否遵循了各种卫生标准,消费者不但在下单前不知道,而且在消费之后也是无法知道的。

只要有信息不对称，就存在欺诈的可能性。但理论和实践已经证明，市场机制已经演化出许多方式，能够有效应对与体验品相关的欺诈行为。在电子商务领域，这种方式集中体现为消费者的点评机制。通常，消费者购买产品之后的评分机制，就可以对经营者形成足够的约束。

有些人或许说，某些大型电商平台虽然有评分机制，不依然假货泛滥吗？这里面实际上有两种不同情况。

第一，有些交易是卖家与买家之间"合谋"而成的假货交易。也就是说，买家在买东西时，明确知道卖家卖的是"大兴货"（上海方言，指假冒伪劣商品）。这种情况牵涉到品牌侵权，却与欺诈无关。

第二，卖家可能通过"刷信"来操纵市场。但根据我们之前的分析，"刷信"在本质上就是广告，如果人们能够接受广告的好处和坏处，也就应该接受"刷信"。实际上，较之于"刷信"，更加有危害的是恶意差评，因为它干扰了评分机制的有效性。平台要维护评分机制，就必须严厉打击恶意差评的行为。（有时候，还会出现"恶意好评"，以后有机会专门讨论这种有趣的情形。）

真正具有挑战性甚至近似于无解的是信任品。因为一旦消费者消费前和消费后都不明确知道产品的质量，点评机制也就失去了意义。消费者点了一份外卖，吃起来酸爽，但实在不知道里面是否加了地沟油。地沟油尽管对身体有害，却不一定是立即就能让人有所反应的。在这种情况下，让消费者点评一份地沟油外卖，说不定还会给出非常满意的评价。

给定人们无法有效验证产品质量，他们的购买行为就主要取决于"信念"。这就意味着,具有信任品性质的外卖交易,要么不出事,要么就出大事。何为出大事?就是一些极端事件出来之后,人们对信任品的"信念"坍塌了。

打个比方,信任品出事情好比是没有泄洪口的堤坝,面对不断积累的洪水,要么没问题,要么就像突然决堤后的洪流,如脱缰野马一泻而下,冲毁一切。曾经出事的杏花楼月饼、三鹿奶粉,以及前几年引起滔天民愤的疫苗事件,莫不如此。

黑心外卖一旦出现,至少在短期内将对市场信心造成毁灭性的打击,这无疑也会让交易平台损失惨重。正因如此,我们无须怀疑交易平台打击黑心外卖的动机和决心。然则,黑心外卖又为何屡禁不止呢?对此可以进行深入的成本收益分析。

为表述方便,这里暂时不区分平台和监管部门,并将其统称为"平台"。很多人建议,为了防止黑心外卖,平台必须加强审核和监督。这固然是个不错的建议,而且审核和监督的确也是维护市场秩序的"必要条件",但市场结果已经证明,这绝对不是"充分条件"。

平台与黑心作坊之间的关系如一个典型的"猫鼠游戏"。一方面,平台监督餐饮公司,防止其开设黑心作坊,但监督是有成本的;另一方面,餐饮公司开设黑心作坊如被发现,将会受到平台的处罚,比如缴纳罚金或被踢出平台,但若没有被发现,则会获得"超额利润",但同时也会对消费者的身体健康造成伤害。

按照博弈论术语,这个"猫鼠游戏"没有"纯战略纳什均衡"。如何理解?我们可以做如下推理:

假设平台一开始就实施地毯式监督,处罚又特别严厉,那么,任何餐饮公司都不会开设黑心作坊。但给定任何餐饮公司都不会开设黑心作坊,那平台也就无须监督了,因为监督无意义而且有成本。

若给定平台不进行监督,则意味着餐饮公司开设黑心作坊不会被发现,因而一定会开设黑心作坊。而若给定餐饮公司一定会开设黑心作坊,平台就有积极性进行地毯式监督和严厉处罚……这样就回到了逻辑推理的起点,如此往复。

由此可见,平台必然监督或必然不监督,以及餐饮公司必然开设黑心作坊或必然不开设黑心作坊,都无法构成均衡。这就和"石头剪刀布"的游戏一样,确定性地出"石头"或"剪刀"或"布"都不是最优的。

同样,按照博弈论术语,这个"猫鼠游戏"虽然没有纯战略均衡,但会有"混合战略均衡"。这又是什么意思?在猜拳游戏中,猜拳者必须随机地出"石头"或"剪刀"或"布",这样才不会被对手摸出规律。

同样的道理,在平台与餐饮公司的博弈中,混合战略均衡意味着平台将以"一定概率"监督,而餐饮公司也以"一定概率"开设黑心作坊。其结果就是,黑心作坊屡禁不止。

黑心外卖每次曝光都会引起强烈的社会反响,随之而来的则是运动式检查和处罚。但运动式整治,从来都是其进也锐,其退也速,虽然能够短期解决问题,却终非长久之计。

上述"猫鼠游戏"之所以没有纯战略均衡,抛开道德因素,关键原因是平台的监督成本太高。设想一下,美团、饿了么等平台上有千千万万家大小不同的餐饮公司,即便这些平台在餐饮公司注册时会对其进行严格审核,实际上也没办法做到全天候二十四小时的审核和监督。

　　于是，某个餐饮公司虽然注册时租赁和提供了完全符合卫生标准的营业环境，之后它却可以只保留一个门面，"挂羊头卖狗肉"，换个租金更低的黑心作坊制作外卖饭菜。通常所谓的黑心作坊，大都是这种没有正规线下经营店面而只进行网上外卖业务的餐饮公司。

　　从事外卖业务的餐饮公司成千上万，而平台公司的人手和财力却非常有限，随时随地对这些餐饮公司进行审核、监督，成本太过高昂。那如何解决问题呢？大道至简，千方百计降低监督成本！

　　基本的思路是发动人民群众，让千千万万的消费者擦亮眼睛，去监督餐饮公司。单个平台去监督这么多餐饮公司，成本极其巨大，难以承受；但这个总量极大的监督成本，一旦摊销到千千万万的消费者头上，则会变得微不足道。

　　进一步来说，如何才能发动人民群众呢？这里面又有两个问题：第一，监督落实到每个人头上，成本虽小，但毕竟依然是成本；监督是一种公共品，因而需要解决公共品提供中普遍存在的"搭便车"问题。第二，如何将千千万万消费者的监督信息汇总起来。

　　我建议的方案是，平台通过设计合理的机制，实现线上线下融合，鼓励线下消费者为线上消费者提供监督服务，将外卖产品的性质从"信任品"转化为"体验品"。

　　具体来说，平台对每个从事外卖服务的餐饮公司设立两套评分体系：一是线上评分，这是由那些外卖客户来提供的，主要针对包装、配送，以及口味等可以事后验证的外卖属性；二是线下评分,这是由那些堂食客户来提供的,主要针对经营环境、卫生条件等线上消费者观察不到的餐饮公司的属性。

没有线上线下融合时,消费者点外卖只能参考线上评分,他们尽管可以据此了解配送、包装和口味等"体验品"特征,却无法获知卫生条件等"信任品"特征,因而对于防止黑心作坊并没有太大帮助。但是,只要餐饮公司所提供的外卖产品和堂食产品"共享"烹饪技术、人员及环境,那么,线下评分的高低也能为外卖客户提供非常有价值的决策参考依据。

那些没有线下评分或者线下评分很低的外卖商家,将难以吸引那些对卫生条件非常在乎的外卖客户。至于外卖客户如何判断堂食产品和外卖产品之间的关联性,看看递送的出发点与堂食的门店位置是否匹配就可以知道了。

线下堂食客户的评分,为线上外卖客户提供了本来难以观察的与卫生条件相关的宝贵信息,即将外卖产品从"信任品"转化成了"体验品",进而极大地压缩了黑心作坊的生存空间以及相应的商业风险。

既然如此,平台需要鼓励线下堂食客户对线上外卖客户提供这种有价值的决策信息。本着"谁获益,谁付费"的公平原则,平台可以对每一笔外卖交易收取一点点信息费,然后"补贴"给每个提供点评信息的堂食客户。

当然,为了确保堂食客户真的是堂食,平台可以设定,只有在他们通过交易结算之后才能获得点评机会,而这或许就需要外卖平台(如美团、饿了么)与互联网支付平台(如支付宝、微信)之间达成某种战略合作协议了。

总结起来,在前述线上线下融合的条件下,外卖平台上的每个餐饮公司实际上都面临两种评分，线上评分和线下评分。那些线下评分高，即线下生意做得好的餐饮公司，也将在线上外卖市场中具有更强的竞争力；因为线下堂食产品与线上外卖产品共享生产设施，而线下堂食客户的评分，为线上外卖客户提供了他们本来事前无法观察、事后也难以确定的质量信息，即将外卖产品从信任品转化成了体验品。而既有的理论和电商实践告诉我们，消费者的评分体系可以很好地解决与体验品相关的非对称信息和商业欺诈问题。

2018 年 8 月 7 日

平台竞争——补贴何日是尽头？

生活在城市，工作、聚会、出差，都免不了要打车。每次打车，都是一次交易，乘客是买家，司机是卖家，乘客花钱购买司机的服务，把自己从出发地送到目的地。传统的交易方式是乘客站在路边东张西望，看有没有出租车过来，看到空车就招招手，示意其停下来；司机呢，则开着车在马路上转，时刻观察路边的情况，看是否有人招手。一旦"招手停"，交易就达成了。

对消费者来说，"招手停"的最大问题是，你不想打车时，空车随处可见；而你想打车时，要么没车，要么看到的车都亮着红灯，已经被人捷足先登了。这是一个典型的峰谷需求问题。你为什么要打车？原因可能是必须在 8 点之前赶到公司，否则老板要扣你奖金；也可能是天下雨了，你却没带伞。你这样想，其他人也这样想，你想打车，别人也想打车，于是每个人都很难打到车。但上班高峰期一过，或者雨过天晴了，大家又同时没有了打车的强烈愿望。这种"要么旱死，要么涝死"的情况，消费者苦恼，司机也苦恼。

在互联网时代，随着智能手机、定位软件和移动支付的普及，移动出行很快改变了传统的打车方式。移动出行是一种典型的线上线下融合的双边市场运营模式。其中会有一个运营平台,比如滴滴出行,平台一端是司机,另一端是乘客,实际服务发生在线下,交易行为则由平台在线上撮合实现。如果说传统出行是靠天吃饭、现货交易,能否交易全靠经验和运气;那么移动出行则是精准匹配、期货交易,高价优先,风险是被锁定的。

要达成线上交易,司机和乘客都必须安装打车软件,而他们是否愿意安装,则是一个"鸡生蛋,蛋生鸡"的正反馈过程。已经安装的乘客越多,司机安装之后就越有可能拉到乘客,因而就越有积极性安装;反过来,已经安装的司机越多,乘客安装之后就越有可能叫到车,因而也就越有积极性安装。站在平台的角度,关键问题是如何触发和引爆这个正反馈机制。

人们接受任何一门新技术,都需要改变原来的行为习惯,而只有接受新技术的收益超过转换成本时,人们才愿意接受新技术。所以,触发和引爆正反馈机制的关键,就转化为如何提高人们接受新技术的净收益,而补贴是最直接也最有效的手段。

但补贴谁,如何补贴?按照双边市场的逻辑,平台对每一端补贴的力度,与它对交易另一端产生的好处成正比。在搜索引擎的例子中,消费者通常不喜欢看广告,而企业则很希望消费者看广告,正是这种双边依赖程度的非对称性造成了平台对两端补贴的非对称性,谷歌花成本向人们提供"免费"搜索服务(实际上就是补贴)的同时向广告商收高价(负的补贴,负负得正啦)。移动出行的例子却大不相同,司机需要乘客,乘客需要司机,正是这种双边依赖程度的对称性造成了平台对两端补贴的对称性。弄明白这一点,就很容易理解为什么在移动出行的推广阶段,不光乘客得到补贴,司机也得到补贴。

影响补贴力度的另一个重要因素是平台竞争。大家或许还记得滴滴和快的"打架",滴滴补得越多,快的补得也越多,都是为了获得更大的用户基础。补贴力度越大,乘客和司机就越高兴,不但越来越多的人安装了打车软件,人们也越来越接受和适应这种新的出行方式。

但资本逐利,补贴何时是尽头?补贴竞争本质上是个消耗战,主要是比谁的钱袋子深、谁能坚持得更久,谁就笑到最后。但问题是,滴滴和快的背后各自有一个大金主,一个是腾讯,一个是阿里巴巴;任何一方想把对方耗死,基本上都不可能。那问题就来了,既然不能干掉对方,为什么还要狠狠地补、大张旗鼓地补?互联网时代平台竞争的吊诡之处,就在于项庄舞剑,意在沛公,看着是老大和老二在打架,结果却是老三没有了!古时候有"庆父不死,鲁难未已",互联网时代则是"老三不死,补贴不止"。

最后的问题是,"小喽啰"业已收拾干净,老大、老二怎么办?是决斗至死,还是握手言和?回答这个问题,则要牵涉到"兼容性"(compatibility)和"多栖"的概念。简单的判据是,如果客户是单栖的,即在两个平台间只能二选一,竞争法则将是"血战到底,赢者通吃";但如果客户是多栖的,最终结局将是两家"握手言和,合二为一"。

在移动出行的平台竞争中,不管是滴滴,还是快的,都没办法防止乘客和司机的多栖行为,对他们来说,这不过是多下载和安装一个 App 的事儿。由于乘客和司机的多栖行为，滴滴和快的实际上具有了相同的用户基础；不管是谁，也不管对谁，继续烧钱补贴，都不会改变两个平台的网络优势。

　　根据颠倒原理，既然竞争失去意义，合谋将势在必行。合谋意味着什么？免费午餐不再有，打车拉客有高价。还是那句话——"出来混，总是要还的"。

2018 年 1 月 31 日

优步——生于公平，死于效率

之前讲了滴滴与快的的合并，这次再讲讲滴滴与优步的合并。如果说快的与滴滴合并，好像是套路和内功都一样的同门兄弟，打累了，不想打了，相对而坐，一笑泯恩仇，那么，优步与滴滴的合并，则像是一个刀法诡异的异域女侠，在互联网时代，碰到了深谙吸星大法的任我行，内力尽失后败下阵来，不得已委身于他，但论地位，妾都算不上，最多是个丫鬟。这样的结局，对于曾经名震江湖的异域女侠来说，就跟死了一样吧。

与滴滴、快的一样，优步进入中国，当然也是垂涎偌大的移动出行市场。说优步"刀法诡异"，是因为它采取了不同于滴滴的交易撮合方法。优步与滴滴的对决，是公平与效率的对决，但最终的结果是市场说了算，公平优先的优步死于效率优先的滴滴之手。

我们已经知道，移动出行是一个双边市场，一端连着司机，一端连着乘客。要达成交易，司机需要乘客，乘客需要司机，两边的依赖性是对称的。但实际上，在选择具体的交易对象方面，这两端有着明显的非对称性。乘客只关心是否能尽快打到车，并不管附近的这辆车是张三开的，还是李四开的。司机关心的问题却不同,同样出发点的乘客,可能是去100公里之外的机场,也可能是去百米开外的地铁口,正常情况下,所有的司机都将前者看作美差,而将后者看作"鸡肋"。

　　滴滴打车的过程是,乘客输入目的地,然后平台将叫车信息发送给乘客附近的司机,根据乘客的位置和目的地,司机们立马就知道这笔单子是美差还是"鸡肋":是美差,则秒抢;是"鸡肋",就可能装着没看见。所以,这种撮合方法实际上给了司机挑单的权利,也让远途的乘客获得了优先上车的权利。路途越远,价格越高,价格越高,越快打到车,所以,这种撮合方法充分体现了价格机制配置资源的效率原则,即"价高者得"。

　　但与传统打车方式相比,这种变化显然对那些出行距离较近的乘客不公平。以前,乘客站在路边招手,司机哪知道他去哪儿啊,没有歧视,也没法歧视。"不患寡而患不均",优步的出现,正是因为看到了滴滴机制的这种不公平,并将解决这种不公平的定价机制视为击败滴滴的看家绝活。优步的做法是"派单不挑单",乘客输入叫车信息,优步根据某些先进高深的动态算法,向附近的司机派单,司机只知道哪儿有乘客叫车,却不知道乘客去哪儿,只有最终见到乘客时,才知道这一单是个美差还是"鸡肋"。现在清楚了,除了一些匹配效率的改进,优步的运营模式,实际上就是把传统的线下"招手停"变成了互联网时代的线上"招手停"。那么,到底是优步克滴滴,还是滴滴反克优步?

　　如果你是一名要去机场的乘客,你会选择哪个平台?当然是滴滴,司机们对长途订单的秒抢,意味着你当下叫车,很快就能上车。再设想,如果你只是想打车到百米之外的地铁口,你会选择哪个平台？当然是优步，因为通过滴滴叫车（除非你加钱），很少有司机理你，但优步"派单不挑单"，这恰好满足了你的打车需求。乘客们如此选择，最终造成的结果是什么？长途找滴滴，短途找优步。原本同质化的消费者群体，按价格高低甄别和分离了！

如果你是一名司机，决定要用滴滴还是优步。用优步的话，平台随时会给你派单，无法拒绝。虽然平台没有告诉你这些单子中的乘客去哪儿，但理性的你应该知道，大都是走短途的。所以，且让脑子"不灵光"的兄弟们在优步平台上拉短途吧，你可要去滴滴平台上抢长途的美差。实际上，即便一时间有些司机没有弄明白这个道理，但时间一长，他们必然会发现，优步派的单子中短途居多，长途很少。怎么办？自然是三十六计，走为上计，于是这些人也去滴滴平台了。

移动出行作为一个双边市场，两边的用户基础本来就是"鸡生蛋，蛋生鸡"的关系，没有鸡就没有蛋，没有蛋也就没有鸡。一旦司机们都逃离了优步，乘客们也就懒得安装优步 App 了。

就这样，公平优先的优步，本以为练就了杀死滴滴的绝世武功，却没料到，效率优先的滴滴反倒成了其命中克星。在互联网双边市场的竞技场上，优步碰到滴滴，就好像刀法诡异的异域女侠，碰到了深谙吸星大法的任我行，内力尽失，先丢了长途乘客，再丢了司机，再然后就丢了一切。

2018 年 2 月 1 日

共享单车——真共享,假共享?

在华生活的外国人曾投票评出他们眼中的"新四大发明":高铁、支付宝、网购和共享单车。

严格来说,网购涵盖的范围甚广,能否单列,值得探讨;但显而易见,这"新四大发明"都与互联网支付密切相关。支付宝和网购自不待言,即便高铁订票,打开 12306 App,选好自己的出发地、目的地,然后,无论是用支付宝、微信支付还是银联支付,都能轻轻松松搞定。现在,还有多少人愿意在车站服务窗口彻夜排队买票?

高铁、支付宝、网购彻底改变了中国人的生活方式,值得大书特书,但今天讨论相对不那么重要的共享单车。

共享单车在中国流行,颇有些"忽如一夜春风来,千树万树梨花开"的感觉。转眼间,人们发现大学校园、地铁口、CBD 广场,只要人群密集的地方,到处都是共享单车;赤橙黄绿青蓝紫,彩虹的颜色很快都要不够用了。但接下来的套路,人们已经非常熟悉。ofo 和摩拜,两大巨头针锋相对:融资,补贴,价格战;再融资,再补贴,再价格战……

也还是以前讲过的逻辑,看着是老大、老二在打架,结果却是老三、老四不见了。卡拉单车、悟空单车、3Vbike 单车、町町单车、酷骑单车、小鸣单车、小蓝单车、1号单车，各种颜色、各种名字的单车，来时急匆匆"蜂拥而上"，倒时哗啦啦"前赴后继"。

谈到共享单车，现在市场最关心的问题是，摩拜和 ofo 最终会合并吗？如果要合并，会在什么时候合并？我们在此不专门讨论这个事情，但我们之前在讨论滴滴是如何干掉优步时，已经根据互联网时代的经济逻辑给出了判断标准：

第一，从 N 到 2 的过程。老三不死，补贴不止，此时谈 ofo 和摩拜的合并还为时尚早。

第二，从 2 到 1 的结局。资本逐利，价格战不会永远持续。但到底是血战到底，还是握手言和，取决于消费者是否能够多栖。很清楚的是，不管是摩拜还是 ofo，都无法阻止消费者同时安装两个 App。

共享单车的普及与共享经济理念的流行密不可分。有不少人说共享单车其实就是自行车租赁业务，拉上共享经济的大旗属于"挂羊头卖狗肉"，名不副实。在这些人看来，真正的共享，应该是共享那些已经在社会中存在的闲置资源。那么到底何谓共享？这是一个值得探讨的理论问题，也对政府制定规制政策有重要参考意义。

现代经济学鼻祖亚当·斯密认为国民财富的原因是分工和专业化提高了生产率，而分工程度的大小则受制于市场范围。这牵涉到之前强调过的"体量效应"。许多生产都需要很高的固定成本，"羊毛出在羊身上"，最终这些固定成本都必须摊销在使用者身上。一笔不菲的固定成本，市场范围越大，使用者越多,摊销到每个使用者身上的就只有一点点,令人全然感觉不到。共享经济的本质就是让更多使用者来分摊固定成本,不论在生产端还是消费端,并无二致。

是不是共享经济,跟分享既有闲置资源,还是专门生产出来供人们分享,并无干系。共享既有闲置资源,能提高社会资源使用效率,当然值得肯定;但话说回来,哪一种既有闲置资源,不是人类之前生产出来的?

共享单车作为"互联网支付情境下的自行车租赁业务",当然是共享经济。从地铁口出来,乘客有骑单车的需求,但在每个地铁口都购买一辆单车,固定成本太高。

传统出租车是共享经济,因为绝大多数平头老百姓都负担不起雇用专职司机的固定成本。互联网情境下的滴滴出行与传统打车相比,提高了乘客与出租车的匹配效率,但在共享道理上,并无二致。

酒店是共享经济,因为绝大多数平头百姓都负担不起为了三天度假而在海边购买一套海景房的固定成本。

药品开发过程中,需要一些昂贵的检测设备,任何一家中小型药企要单独购买,都负担不起;这时候政府出面,购买检测设备,让众多中小型药企分时租赁,也是共享经济。

再说回共享单车,政府对共享单车进行规制,避免其占道、阻碍交通,非常必要;但规制时,需要不以"租赁"而废除之,不以"共享"而鼓励之。

再更加深入地问一句:共享单车是否创造了社会价值?对此,我认为答案是肯定的。共享单车有效地解决了"最后一公里"的实际需求。

此外,许多消费者可能不止一次有过这样的经历:刚买一辆新自行车,但吃个饭或者回一趟宿舍,出来后自行车就不翼而飞了。不知道您是否发现,当许多人还在争执共享单车是真共享还是假共享时,偷车贼已不翼而飞了。

2018 年 2 月 10 日

网约车真的不安全吗？

或许很多人都看过一张照片，名为"饥饿的苏丹"（The Starving Sudan）。照片中，一个苏丹女童跪倒在地，即将饿死，在其身后不远处，站着一个虎视眈眈的秃鹫，等着大快朵颐。

这张照片极其震撼人心，一经《纽约时报》刊登，即刻传遍全球。摄影师凯文·卡特因此获得1994年普利策特写摄影奖（新闻界至高荣誉），而更加重要的是，这张照片让全世界人的目光聚焦于苏丹饥荒，开始进行大规模人道主义援助。

关注苏丹饥荒，援助苏丹饥民，怎么称赞都不为过。但同样是1994年，同样是在非洲大陆，更加骇人听闻和惨绝人寰的事情发生了，那就是卢旺达种族大屠杀（Rwandan Genocide）。1994年4月7日至1994年6月中旬，卢旺达发生内战，胡图族对图西族进行了有组织的种族灭绝大屠杀，共造成80万—100万人死亡。

比起苏丹饥荒，卢旺达种族大屠杀更加血腥和残酷，但受世人关注的程度远远不及前者。这就是媒体的力量，以及由此而来的大众认知偏差。正可谓一张照片胜过百万数字！

之所以会出现明显的大众认知偏差，一个重要原因是媒体传播具有显著的"有偏性"。很多时候，新闻"卖点"与事情本身的重要性或者事件的关键点并不完全相同。这就导致了两个结果：首先，人们会将一些极具新闻卖点的极端事件，误认为是常规事件，严重高估极端事件在现实生活中发生的真实概率；其次，迫于这种有偏的大众认知，决策部门出台的应对措施，也会偏离基于客观概率的"最优方案"。

现在回到本文的主题，即网约车的安全性问题。之所以讨论这个问题，起因是郑州空姐网约车遇害案。根据百度百科，惨案大致过程如下：

2018年5月5日晚上，空姐李某航班任务结束后，在郑州航空港区通过滴滴叫了一辆车赶往市里，其间惨遭司机杀害。2018年5月8日，警方告知李某家属其遗体被找到，身中数刀。2018年5月10日，滴滴公司向全社会公开征集线索，寻找一位名为"刘振华"的顺风车司机。2018年5月12日凌晨4时30分许，经多方努力、全力搜寻，警方在郑州市西三环附近一河渠内打捞出一具尸体。警方已对打捞出的尸体DNA样本完成鉴定，可以确认，此次打捞出的尸体确系杀害空姐的犯罪嫌疑人刘振华。

此案中滴滴司机对空姐先奸后杀，作案手段极其恶劣；而之后滴滴"百万悬赏寻找肇事司机"的应对措施也颇具争议。所以，此极端事件一经报道，就在各种媒体，尤其是网络媒体上持续发酵，犹如链式反应一样，在很短的时间内广泛传播，造成了巨大的社会影响。

人们一方面对司机和滴滴口诛笔伐，另一方面也对网约车的安全性产生了深深担忧。尤其是年轻貌美的女性乘客，更是担心成为网约车"色狼"司机的犯罪对象；而为了防止被"色狼"盯上,许多美女赶紧将打车软件上的头像改为五大三粗的大老爷们。也有人建议,女性朋友最好不要夜间出行,一定要出行的话,最好在线下扬招,因为他们认为传统出租车要更加安全一些。

与此同时,各地政府也开始了大规模的网约车专项整治,目的就是要提高网约车的安全性。比如,据《南方日报》消息,2018年5月16日,广州在市内多个客运站周边开展网约车市场专项整治行动,当日查处网约车违章24宗,其中无证网约车违章13宗、有证网约车违章11宗。此外,广州要求各平台企业还应做好驾驶员注册和人车对应管理工作,确保线上线下提供的车辆和驾驶员一致,不得以低于成本的价格运营以扰乱正常市场秩序,并在保证乘客安全、接受管理、加强车辆及驾驶员监管等方面作出书面承诺。

这些整治措施,集中反映了人们对网约车安全性担忧的原因。与传统出租车相比,这主要体现为两点:第一,网约车司机的审核比较松,甚至让一些有犯罪前科的"坏分子"混进了司机队伍;第二,网约车司机往往会"以低于成本的价格运营,扰乱正常市场秩序"。

政府部门出台整治措施,提高网约车安全性,出发点是好的,尤其可以起到稳定人心的作用,值得称赞。但有待讨论的问题是,网约车真的不安全吗?进一步来说,舆情压力下出台的安全整治措施,是否忽略了一些更加重要的安全问题?

如果司机是理性的,那么,他是否犯罪,将是成本收益权衡之后的结果;也就是说,只有预期犯罪收益大于犯罪成本,他才会实施犯罪。司机针对乘客犯罪,收益不外乎财或色,而成本则取决于犯罪案件的侦破概率,以及随之而来的处罚力度。

由是观之,与传统出租车相比,网约车的安全性不会更低,甚至更高。为何?因为网约车的交易特性,其整个交易过程和行车路线都有明确记录,再辅之以无所不在的摄像头,网约车司机要犯罪且逃脱处罚是一件极其困难的事。所以,只要网约车司机是理性的,对乘客进行犯罪都不是最优选择。

正因如此,我们认为,滴滴司机残杀空姐案,本质上是一个与变态司机相关的极端事件;尽管事件极其恶劣,社会反响极其强烈,却没有普遍意义。

实际上,在有网约车之前,司机针对乘客犯罪,以及乘客针对司机犯罪的案件,我们也都屡有耳闻。再推而广之,其他的极端事件,诸如曾备受关注的白银市连环杀人案等,也都是极少数心理变态者实施的犯罪行为;尽管极其恶劣,反响极其巨大,实际上并没有太多的普遍意义。

迄今为止,上海还有一些红颜色的出租车。据了解,这些出租车的由来就是早年有一些有前科的人难以在正规部门找到工作,于是政府就给他们发放了一批出租车牌照来解决就业问题。有趣的是,笔者在上海生活了这么长时间,几乎没有听到证据说这些红色出租车司机在犯罪方面有异于其他颜色出租车的司机。即便有前科的人,只要是理性的,是否犯罪,也会进行理性权衡。能够安居乐业,不犯罪将是他们的理性选择,这与其他人并无二致。

根据罪与罚的经济分析,法律的作用在于惩前毖后。惩前,就是惩罚当下的犯罪者;毖后,就是威慑潜在的犯罪者。在很多情况下，惩前虽然会让恶有恶报，但对受害者本身却于事无补，因而其更重要的功能在于毖后，即通过威慑作用而化犯罪于无形。必须承认，罪与罚的经济分析有一个重要前提条件，即人们是理性的。但话说回来，面对非理性的犯罪者，绝大多数措施都无济于事。

正如本文开始的例子所阐释的道理一样，空姐案让社会对网约车乃至出行安全的关注点集中在防止凶杀犯罪上面，却忽视了另外一种更加重要的行车安全问题，即车祸。

如果说凶杀案只是一个极端事件，虽然广受关注，却很少发生；那么，车祸则具有普遍意义，虽然新闻价值不大，却时常发生，对乘客的生命安全影响很大。进一步来说，车祸实际上也是小概率事件，除了行车安全，乘客们日常生活中更加关注打车的成本高低。

这样，一些更加重要的普遍问题是，网约车和传统出租车相比，哪一种更加安全？哪一种又对广大乘客来说更加便宜？

众所周知，恶劣天气、车技不高、酒驾醉驾和疲劳驾驶是导致车祸的主要原因。恶劣天气没有太多可以说的，下面主要讨论网约车和传统出租车在后三种因素上的优劣：

第一，术业有专攻，熟能生巧，由于很多网约车司机不是专职司机，故在车技方面，传统出租车司机赢得一分。

第二，司机酒驾醉驾，乘客自可分辨，两者不相伯仲，打成平局。

第三，传统出租车司机受雇于出租车公司，需要交不菲的"份子钱"，有可能得等到疲劳驾驶阶段才能真正给自己挣钱。

以上海为例，典型的情况是两个出租车司机共同运营一辆出租车，"做一休一"。做一，意味着出租车司机需要连续驾驶近二十个小时。给定"份子钱"不菲的假设，司机只有驾车十几个小时之后，才开始给自己挣钱。那么，为了多挣点以养家糊口，疲劳驾驶是迫不得已的理性选择。相比而言，按照网约车的收费规则，司机只有接单才需要向平台交费；或者说，网约车司机不像传统出租车司机那样每天一睁眼，不管出不出车都要交"份子钱"，而是不接单就不交钱，因而没有疲劳驾驶的"刚性需求"。由是观之，就疲劳驾驶风险而言，网约车扳回一局。

综合以上三点来看，网约车和传统出租车，各胜一局，战平一局，因而总体上基本战成平局，并不存在网约车更不安全的问题。但实际上，如果考虑到许多网约车司机的车技也会日渐提高，或者其本身就是专业司机，那么，更加准确的比较结果将是网约车更加安全！

分析了这么多，我们的结论就很明显了。政府部门在整顿网约车市场时，切不可因为空姐被害这种极端事件而高估了网约车的危险性，进而将提高网约车的安全性变成限制网约车的发展。

互联网时代，共享已经成为时代精神。互联网拼车、顺风车、专车，既可以提高交通效率，又可以解决人们的多样性需求，还可以减少环境污染；即便暂时有一些这样那样的问题，也不可因噎废食，宜疏不宜堵。

至于"以低于成本的价格运营，扰乱正常市场秩序"的问题，实际上是很难界定的。关键在于到底何为"低于成本"？坐在不同位置的人会有不同的看法,但有一点是肯定的:出租车公司向出租车司机收取的"份子钱"越高,这个"成本"就越高。所以,要让网约车不"以低于成本的价格运营",办法有两个:一是让网约车提高价格,二是降低传统出租车公司的"份子钱"。哪一种更加合理,或许就需要各抒己见来辨明了。

2018 年 5 月 19 日

顺风车，莫让滴滴变陌陌

2018年，滴滴顺风车接连出事。

2018年5月6日，河南郑州，空姐搭乘顺风车被害，舆情汹汹，滴滴被要求整改。一百多天过去，舆论硝烟已然散去，但问题显然并没有解决。

2018年8月24日，浙江乐清，年轻女孩赵某在搭乘滴滴顺风车的途中被司机奸杀。女孩遇害前，曾多次联系滴滴平台，甚至发出呼救信号，但可惜没有得到及时的救助。根据后来进一步披露的信息，在赵某遇害前一天，同样是那个恶魔司机，对搭乘其顺风车的另一名女性也曾图谋不轨；那名女性有幸逃脱后曾向滴滴平台投诉，却没有得到足够的重视，以至于有了后面的悲剧。

网络曝光之后，与迟钝的客服不同，滴滴公司第一时间出来诚恳道歉、主动认错；浙江方面也迅速行动，要求暂停滴滴顺风车在浙江的业务，进行整改。

滴滴顺风车接连出事，让滴滴陷入了汹涌的舆论旋涡，面临巨大的经营困境。顺风车的此类问题该如何解决？

最简单的解决办法，就像很多愤怒的网友建议的那样，禁止顺风车业务。的确，在那之后不光是滴滴顺风车，高德顺风车也暂时下线了。

但是，这种解决办法虽然听起来很解气，可并非真正的解决办法，如同泼水将孩子一起泼掉了。有两点原因值得强调：

第一，滴滴、嘀嗒以及高德顺风车，之所以能够出现并发展起来，就是因为它们实际上有助于解决老百姓面临的交通问题。"一刀切"式地禁止顺风车，最多只能说是压住葫芦浮起瓢，解决了一种问题，却产生了另一种问题。

第二，顺风车一再出事情，是否具有显著的统计意义尚有待考证。一个明显的事实是，郑州空姐案与乐清杀人案中的两名司机，其行为都具有明显的"非理性"特征。在网约车的交易情形下，这两名司机只要是理性的，就应该很清楚，杀了人而逃脱法网几乎是不可能的。

反过来推理，这两名司机的所作所为，不能以常理度之。一个合理的推定是，这两名司机，即便不是作为司机杀人，也会以其他身份杀人。在此意义上，禁止顺风车，除了加剧老百姓打车难的交通问题，实际上并不能降低变态杀人的概率，只不过改变了变态杀人的方式而已。

这样说，当然不是说滴滴没有责任，连滴滴自己都忙不迭地承认自己的错误和责任了。但是，滴滴承认错误和责任，与准确理解和有效预防此类问题是两回事。

这里牵涉到的问题是：对于这类悲剧，滴滴在多大程度上是疏忽的或不作为的；以及与之相对应地，滴滴应该承担多大的责任。进一步来说，监管部门的应对措施，又会如何影响滴滴的行为以及市场的运行结果？

参考理查德·A. 波斯纳的经典著作《法律的经济分析》

(*Economic Analysis of Law*）或者其他法经济学的相关著作可知，任何合理性的制度安排，都需要经得起成本收益分析，而既有文献对于过失的认定及其责任也有非常深入的讨论，这集中体现为"汉德规则"。汉德规则取名于美国的大法官勒尼德·汉德，他以关注法律判决中的"正义"（justice）而闻名于世。下面我们就用汉德规则来分析顺风车交易中的过失责任问题。

顺风车交易达成之时，交易双方以及滴滴等撮合此类交易的互联网平台，都是无法完全预知交易进程和最终结果的，即这种合同总是"不完备的"。

即便如此，从概念上还是可以将交易结果分为"顺利"和"出事"两大类。不妨将顺利时的（平均）社会净收益记为 B，而将出事时的社会净损失记为 L，L 远大于 B。

尽管前有郑州案，后有乐清案，但考虑到每天有数以万计的顺风车交易，客观地讲，交易出事的概率还是非常低的，或者说交易顺利的概率 P 是非常高的。

汉德规则的基本假设是，交易顺利的概率 P 不是外生给定的常数，而是交易平台的预防努力 E 的函数。

不妨假设，预防努力 E 越大，P 越大，但预防努力提高交易顺利进行概率（即降低出事概率）的作用是"边际递减的"。从数学上讲，这意味着 $P'(E) > 0$，$P''(E) < 0$。

为什么呢？设想一下，每个司机犯罪的"门槛"是不同的。如果没有任何安全保障措施，面对各种诱惑，许多人都有可能产生犯罪的动机。而随着安全保障措施逐渐增加，那些犯罪

"门槛"比较高的人不再有犯罪的企图了;但还是有一些犯罪"门槛"特别低的人,即便安全措施再多,也无法阻止他们的犯罪企图。

进一步假设,预防努力 E 越大,相应的预防成本 C 越高,并且预防成本是随预防努力而"边际递增的"。也就是说,预防努力水平较低时,提高一点点预防努力水平的花费不多;但给定预防努力水平已经很高时,再要继续提高一点点预防努力水平,就需要更多的成本投入。

从数学上讲,这意味着 $C'(E)>0$,$C''(E)>0$。最终,社会最优的预防努力水平 E^* 应该最大化预期的社会收益:$PB-(1-P)L-C=-L+P(L+B)-C$,相应的一阶条件为:$P'(E^*)(L+B)=C'(E^*)$。

如图1所示,最优预防努力水平 E^* 的含义是,在 E^* 这个水平,进一步提高预防努力水平的社会边际收益恰好等于相应的社会边际成本 $C'(E^*)$。

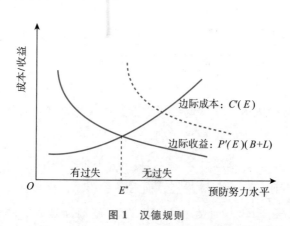

图1 汉德规则

其中，边际收益是两个部分的乘积：交易安全性的提高幅度 $P'(E)$，以及交易安全提高的社会收益 $B+L$（交易成功与出事的社会收益差）。

汉德规则的含义是：

如果 $E<E^*$，即如果滴滴的实际预防努力水平低于社会最优预防努力水平，那么，滴滴是有过失责任的，且差距越大，过失责任越大。

反之，如果 $E>E^*$，即如果滴滴的实际预防努力水平高于社会最优预防努力水平，那么，即便有悲剧发生，但从事前的角度看，并不能认定滴滴有什么过失责任。

汉德规则从法经济学的角度提供了分析框架，以此为据，我们需要判断的问题是滴滴是否对于顺风车交易提供了足够的预防努力。

根据已经披露的有限信息，假如存在一个由普通老百姓组成的"陪审团"，则根据常识的判断应该是，滴滴并没有提供足够的预防努力来预防悲剧发生。

或许，滴滴可以这样辩解：每天有数以万计的顺风车交易，乘客提供给客服中心的信息可能是真假难辨的，即便乘客发出了呼救信号，难保这不是一种"逗你玩"的恶作剧；而一旦真的发现是"狼来了"，却为时已晚。

这种辩白似乎有一定的道理，但远不足以为滴滴开脱责任。对于滴滴这样的大数据公司，消费者有理由要求它设计更好的业务流程和数据算法，一辨真伪。当受害人及其亲朋多次发出呼救信号之后，滴滴仍然无法启动紧急响应措施，这就表明其中存在明显的不作为。

而更深层次的问题在于滴滴顺风车的商业模式及其对于事故的处理方法。

按照之前文章的分析，顺风车交易具有双边市场的性质。滴滴作为平台，一边连接着司机，另一边连接着乘客；由双边网络外部性可得，乘客越多，司机越多；司机越多，乘客越多。

站在平台的角度，要运转这样一个"鸡生蛋，蛋生鸡"的循环，必须找到合适的一端进行突破。对于顺风车交易，滴滴瞄准的突破口是司机，因为相对于乘客，司机更加稀缺。

对于加入平台意愿较低的一方，传统的办法是进行货币补贴。但在滴滴的各种业务模式中，顺风车被视为利润来源，是需要赚钱的。这就意味着，货币补贴并不是其所中意的补贴方式。那又如何进行补贴呢？滴滴顺风车的负责人黄女士，也就是恶性事件之后被滴滴解职的那位黄女士，想到了"黄色路线"。黄女士设计的商业模式，似乎刻意地将搭顺风车打造成一种充满暧昧风味的外出旅行体验。

如此一来，许多心怀鬼胎、旨在"猎艳"的车主，就非常有积极性加入顺风车司机的队伍。对他们来说，赚钱固然是个考量因素，但想象中的"猎艳"收益更加重要。

出事之前，或许黄女士对于这种"黄色路线"的补贴方式是引以为豪的。但这种"暧昧补贴"必然导致巨大的问题。为了尽可能分析公允，我们可以将顺风车交易的乘客和司机都分为"正常"和"猎艳"两种类型，于是就会有如下四种组合（如表1所示）：

表 1　从滴滴到陌陌

乘客	司机	
	正常（r）	猎艳（$1-r$）
正常（v）	I	III
猎艳（$1-v$）	II	IV

我们用 v 代表乘客"正常"的概率，而 $1-v$ 也就代表乘客"猎艳"的概率；类似地，用 r 代表司机"正常"的概率，而 $1-r$ 也就代表司机"猎艳"的概率。

按照人们一般的理解，顺风车交易应该实现的是交易组合 I，即乘客有正常的出行需求，而司机也提供了正常的出行服务。但在黄女士心中，顺风车交易需要实现的是具有陌陌性质的交易组合 IV，同样处于猎艳动机的司机和乘客完成一场充满暧昧的出行。抛开道德来看，像陌陌上这种双方自愿的交易，只要不出事情，交易双方觉得快乐，别人也无权说三道四。

问题在于另外两种需求与供给并不完全匹配的组合。考虑到顺风车司机一般都是大老爷们，故在交易组合 II 的情况下，有猎艳动机的乘客遇到正人君子的司机，正常的猜测应该是不会出什么大问题。

最大的问题来自交易组合 III：旨在正常出行的（女）乘客遇到了心怀不轨的（男）司机。按照前面的分析，这种司机之所以愿意跑顺风车，是因为预期有两种类型的收益：货币收益和猎艳收益，而且很有可能的情况是，如果没有猎艳收益，单靠顺风车的货币收益是无法补偿他们出车的机会成本的。

面对正常乘客，心怀不轨的司机当然有两种态度：一是

"认栽",将这次顺风出行看作毫无奇幻的"赔本"生意;二是"胡搞",即违背乘客意愿对其进行调戏、强奸甚至索命。

按照正常的逻辑,交易组合 I 是常态,或者说其他三种交易组合的发生概率非常低。对应到图 1 中,这意味着滴滴增强预防努力的边际收益将非常低,因而 E^* 也会非常小;这样,根据汉德规则,即便出事情,滴滴往往都可能是没有过失责任的。

但黄女士治下的滴滴顺风车,却大幅度偏离了这种正常状态。顺风车的高盈利意味着,经过滴滴抽成之后的货币收益,对于正人君子式的司机并没有太大的吸引力;或者反过来说,只有当司机真的是顺路或者有诸如猎艳等其他补偿方式时,他们才愿意提供顺风车服务。

由于这种"选择性"效应,顺风车交易中正常司机的比例 r,将会远远低于出租车交易中正常司机的比例,比方说 r_0。如此一来,我们在使用汉德规则时,就不能以出租车交易中正常司机的比例 r_0 计算提高预防努力的边际收益。

对应于图 1,如果说实线的边际收益曲线对应于出租车司机,那么,预防顺风车司机出事的边际收益曲线将整体上移,如虚线所示。这时候,同样使用汉德规则,就可以发现,滴滴负有过失责任的区域大幅拓展了。

简言之,滴滴的陌陌化,将使滴滴更有可能负有过失责任,或者说需要负更大的过失责任。

紧接着的问题是,这个过失责任到底该有多大?按照滴滴的声明,未来平台上发生的刑事案件,都按照人身伤害赔偿标准的 3 倍补偿。

但是,考虑到赔偿不光具有事后的救济功能,还应该具有事前的威慑功能，笔者认为，这种赔偿额必须足够充分，进而达到如下两种效果：

第一，让滴滴真正重视降低出事概率的预防性努力。

站在滴滴的角度，这里实际上牵涉到一个基本的权衡：到底是事前预防还是事后赔偿更加划算。为了表述方便，不妨将此权衡的最优结果称为"滴滴规则"。

不难理解，在滴滴规则下，事后赔偿额度越小，滴滴实际做出的事前预防努力也将越少；因为与其花费很大的成本进行事前预防，不如等到出事之后紧急公关，通过事后赔偿的方式解决问题。

滴滴规则与汉德规则的逻辑是完全类似的，只不过滴滴规则是站在滴滴的角度看问题，得到的是市场运行结果；而汉德规则是站在社会角度看问题，确定的是判断滴滴是否存在过失的比较基准。

第二，让滴滴顺风车放弃陌陌式的经营路线。

提高预防水平，有两种可能的途径。一是"边际"改进，即在不改变现有经营模式的前提下，提高预防性的人力、物力投资。二是"超边际"改进，即放弃现有的经营模式，选择另外一种出事概率更低的经营模式。

按照知行合一的经济学理念，第二种方式对应的是"把事情做对"，是更加重要的战略选择。第一种方式对应的是"做对的事情"，是战略选择之后的管理问题。

种什么因得什么果，一旦滴滴顺风车选择了黄女士心仪的"性感路线"，不管如何做预防性努力，要想避免强奸等恶性事件，都变得非常困难。

接下来的问题是：如何让顺风车抛弃暧昧，回到正常的经营轨道？我猜想，只要方向确定了，滴滴应该能找到合适的应对措施。即便如此，我们不妨还是提供一些粗浅的方案：

第一，让顺风车乘客能够对司机进行评价，且这个评价可以被其他乘客看到。

这是个显然的行之有效的解决方案，但滴滴之前没有采用。相反，滴滴的方案是一种有助于"猎艳"的非对称方案——司机可以看到其他司机对乘客的评价，而乘客却看不到其他乘客对司机的评价。所以，顺风车需要通过采用对称性的评价机制，彻底放弃原先采取的错误的"黄色路线"。

第二，滴滴应该降低对顺风车司机的抽成比例。

如前所述，"黄色路线"的一个"好处"是，它以提供猎艳机会的方式，对那些心怀不轨的司机提供了非货币补偿；正是这一点，尽管它提高了滴滴顺风车的平台收益，却也极大地增加了正常乘客的安全风险。

根据第一点建议，一旦滴滴顺风车采取了对称性的评价机制，心怀不轨的司机就会因为差评而无法提供营运服务，因而滴滴必须吸引足够的正常司机来填补空缺。这就要求滴滴必须降低抽成比例。

第三，网约车平台与警方之间应该构建更加有效的信息共享和联合执法模式。

乐清案中，一个容易被忽略的细节是，出事期间，受害女孩的亲朋想从滴滴获取司机的联系方式，但被滴滴婉拒，理由是滴滴平台不能将乘客或司机的私人信息披露给警方以外的第三方。这必要信息的缺失，进一步耽误了受害者亲朋向警方报案、立案。

所以，在对顺风车的整改中，平台与警方必须通力协作，扫除各种各样的"第二十二条军规"，避免老百姓陷入这样的无解死循环——要做第一件事情，就必须先完成第二件事情；而要做第二件事情，又必须先完成第一件事情。

第四，还是需要说一下完全禁止顺风车的可能。

的确，面对一再出事的顺风车，有些人说，何必要打顺风车？不是有出租车吗？这种解决方案，很容易让人联想到晋惠帝"何不食肉糜"的疑问。对我们每个人来说，走哪儿都有专职司机接送，岂不是更加美妙的解决方案？

总结起来，我对顺风车的看法是：单纯的禁止，貌似解决问题，实则没有解决问题；真正的解决之道是，提高赔偿标准，让滴滴安心地做滴滴，切莫让滴滴变陌陌。

2018 年 8 月 27 日

顺风车,"一键报警"怎么样?

乐清滴滴顺风车事件继续发酵,滴滴创始人程维先生和总裁柳青女士道歉再道歉,各地方政府管理部门要求滴滴整改,而滴滴也已经下线顺风车业务。城门失火,殃及池鱼。滴滴出事之后,嘀嗒和高德也忙不迭地取消或者缩减了顺风车业务。

对于顺风车,观点基本上可以分为两大类:

第一类观点可以称之为"激进派",认为这种业务已经无可救药,应该坚决取缔,早取缔早好。

第二类观点可以称之为"温和派",认为顺风车业务此前之所以能够蓬勃发展,就是因为它的确满足了人们的出行需求,不能一禁了之。相信经过科学的、以安全为本的业务流程改造,顺风车依然可以是互联网时代的重要交通手段。

当下的舆论环境中,第一种观点显然具有更高的民意支持。但即便如此,笔者的态度依然明确属于上述两种观点中的"温和派"。

在我看来,单纯取缔实际上只是转移了问题,并没有真正解决问题。给定这世界上总是有一些人渣,他们不能在这个地方干坏事,就会转移到其他地方干坏事。所以,取缔顺风车,只是转移了坏人干坏事的战场,而不是真的解决了坏人干坏事的问题。在有滴滴顺风车之前,奸杀案就存在,如之前的"白银连环奸杀案"。

当然,"温和派"的观点有前提条件,即对顺风车——乃至网约车要进行科学的、以安全为本的业务流程再造。那如何改造?上篇文章已经提及了一些初步想法,这里再做一些更深层次的探讨。

此类事件涉及的核心问题是平台执法与警方执法的关系,即在防范和制止犯罪方面,平台与警方分别该扮演什么角色?各自的责权利又有什么?它们之间到底是相互替代的,还是互为补充的?

上述问题,不仅限于网约车,也基本上适用于所有的互联网平台,是电子商务相关法律法规的核心问题。

对于平台执法与警方执法的关系,很多人的直观反应是:那还用问?当然应该是精诚合作、相辅相成了!但实际情况并没有那么简单。这里面牵涉到如下棘手的问题:

首先是信息的共享问题。一方面,大型的互联网平台企业,无一例外都是大数据公司,每天都会产生海量的交易数据,而这些大数据被平台公司视为其核心竞争力所在。有了这些大数据,平台公司可以通过云计算乃至人工智能来预测人们的交易方式和行为习惯,而这背后,显然蕴藏着巨大的市场利益。另一方面,警方拥有海量的、私人企业不可能拥有的个人隐私数据,其中可能包括了每个人的家庭背景、工作职位、收入高低,以及有无犯罪记录等。

对于任何一笔特定的交易,如果综合上述两种数据库,能够更加准确地预测出现恶性犯罪的概率。那如何才能实现两种数据库的共享呢？

很显然，让警方将个人隐私数据披露给私人企业，这是绝对不可以接受的方案。所以，唯一可能的途径是平台将其交易数据共享给警方，但这也面临着巨大的实施性难题。且不说平台是否愿意这样做，单说警方是否有能力接盘如此海量的数据，我对此就深表怀疑。

所以，一种最为可行的方案是：民不告，官不究；而民若告，警若查，则平台必须全力配合。具体来说，对于任何一笔交易，如果交易双方没有争议、没有报警，则警方无须理会。这是符合制度有效运行的成本收益原则的。

不管是否愿意，我们都必须承认，尽管顺风车一再出事，但相对于数以万计的日常交易，交易出事的比例还是非常非常低的。所以，对于没有报警的交易不予理会，是一种事前的"理性的忽视"（ex ante rational ignorance）。但是，事前的理性的忽视，必须辅之以事后的有效的救济（ex post remedy），即如果有人报警，则平台企业必须无条件对警方的调查予以配合。

其次，平台的业务流程再造以及国家对平台监管的改进，首先必须扫清各种带有"第二十二条军规"性质的制度障碍。有效的事后救济的前提是保证在交易出现异常时，受到威胁的交易者能够及时报警。在互联网如此发达的今天，做到这一点，技术上并不困难。

有读者提出，给定滴滴 App 本身已经有定位功能，增添一个"一键报警"功能不就好了吗？技术上的确如此，而且这一点似乎也很重要。但仅仅做到这一点还远远不够，还需要辅之以更加精细的制度设计，以解决"一键报警"可能衍生出来的其他问题。

首先是"一键报警"的滥用问题。在奸杀案之后的群情激奋时刻，人们会觉得"一键报警"非常必要；但客观地讲，"一键报警"是非常严肃的，不可滥用。随便一点点小纠纷，就来个"一键报警"，且不说出警成本，久而久之，一旦"狼来了"的游戏玩多了，警方也会对"一键报警"漠然视之。所以，"一键报警"应该有，但对其使用必须设置足够高的门槛。

最简单可行的门槛就是货币门槛。任何人如果要使用"一键报警"，就必须预支一笔不菲的押金。然后，警方出警，如果确证真有威胁存在，则向报警者退回该笔押金；但如果警方发现没有真正的威胁，则没收该笔押金。显然，这笔押金的数额不能太低，否则报警者可以更加心安理得地随意玩"狼来了"的游戏；但这笔押金的数额也不能高到能够补偿警方的出警成本的地步，因为它产生作用的条件是，只要高到让虚假报警者感到心疼就可以了。

其次，或许更加重要的是平台与警方的责任转移问题。没有"一键报警"机制，出了事，平台公司是千夫所指的对象；但有了"一键报警"机制，如果出事而警方行动不力，民众的怨气就会撒在警方身上。所以，一旦真引入"一键报警"机制，警方必然会为平台分担巨大的责任，而平台必须为这种责任的转嫁买单！前面已经提到，乘客启动"一键报警"的押金实际上不足以弥补警方的出警成本，那么未能弥补的这部分，平台就应该成为主要承担者。至于平台是否完全补差甚至过度补偿，则是另外一个问题，因为警察本身就具有维护公共治安的职责，并由公帑支付其报酬。但平台必须也承担责任，因为这里面牵涉到重要的激励效应：平台担负的成本越高，平台越有积极性改善业务流程，防止乘客触发"一键报警"。

总结一下，笔者的核心观点如下：

第一，顺风车，乃至网约车，不能被一棍子打死，因为这背后有民众对出行便利的巨大需求。

第二，一旦发生紧急情况，平台必须无条件与警方配合，监管部门也必须扫清各种"第二十二条军规"。

第三，引入乘客的"一键报警"机制，但必须辅之以精细设计的押金和成本补偿机制，既要防止乘客滥用，又要维护平台执法与警方执法之间责权利的微妙平衡。

2018 年 8 月 29 日

对网约车司机访谈的总结

昨天参与访谈了几位网约车司机,访谈背景是,根据交通部对于网约车管理的相关规定,2018年12月31号,所有网约车必须做到人证和车证双证同时合规。

车证合规问题不大,对北京、上海、天津等地来说,最关键的合规挑战是人证的合规问题。因为只有司机拥有本地户口,才有可能合规,但很显然,在当前的户籍制度下,这一点很难做到。

据受访司机们的主观感受,上海所有的近乎10万名网约车司机中,最多只有十分之一的司机拥有上海本地户口。受访司机(所谓的网约车司机)既包括正规出租车公司中安装了滴滴、美团等打车App的司机,也包括快车和专车司机,以及有些黑车司机。

这些主观感受的数据有待进一步验证,但有一点大概是确定的:上海本地人,除了少数即将退休的司机,很少有人愿意从事出租车和网约车行业的工作。也就是说,上海市的出租车和移动出行行业,之所以能够运转,主要依赖外地司机。估计北京的情形和上海大同小异。由此不难推断,如果双证合规的规制政策严格执行,那么,2018年年底的北京、上海将会面临巨大的出行困难。

  2018年7月,北京依照出台的相关规定,提高了对"黑网约车""黑巡游车""克隆出租车"等非法运营行为的处罚力度。在整顿出行市场的同时,也导致了出租车和网约车数量急剧减少,让普通市民感受到了出行的困难。

  面对面访谈的一个强烈感受是,上海的出租车和网约车司机们大概是世界上最起早贪黑的司机群体之一了,他们每天的工作时间至少是16个小时。另外一个强烈的认知是,每个网约车司机基本上都上有老、下有小。所以,开网约车对他们来说不仅是一份职业,更是一张养家糊口的饭票。更加重要的是,有些网约车司机的车是自己贷款购买的,因而这份工作对他们来说,不但是赚钱的手段,也是偿还贷款的希望。这些司机,面对根本就不是依靠努力就能实现的双证合规要求,感到的是难以承受的绝望和无所适从。

  殷鉴不远,明朝驿站裁员的历史经验表明,从绝望到铤而走险,往往只有一步之遥。规范网约车市场诚然非常必要,但如果规范最终变成了消灭,那就本末倒置了。规范网约车对就业市场的强烈冲击,是决策制定者们必须认真考量的因素。

2018年10月13日

上海为什么创新不足?

上海有很多功能定位,其中一个是"具有全球影响力的科技创新中心"。

根据《中国城市和产业创新力报告2017》(以下简称"《报告》"),综合创新和创业两个方面,中国排名前四位的城市是北京、深圳、上海和杭州。[①] 对比这四个城市,你会发现一个很尴尬的问题,那就是进入互联网时代,上海却没有响当当的互联网企业。三大巨头BAT中,百度在北京、阿里巴巴在杭州、腾讯在深圳。实际上,更多行业的领导者,如华为、中兴通讯、华大基因、网易、搜狐、新浪、小米、京东、奇虎360,等等,都不在上海。

这不禁让人想起当年俞正声同志在上海任职时提出的疑问:为什么上海没有像阿里巴巴这样的大企业?这个问题的答案,自然是仁者见仁,智者见智。

有人调侃,当年或许是因为马云长得比较有性格,电子商务看起来又很不靠谱,所以"高富帅"的上海自然拒绝了那时候还"矮穷矬"的马云。当阿里巴巴飞黄腾达,上海再幻想着

---

① 第一财经研究院.《中国城市和产业创新力报告2017》[EB/OL].(2018-01-05)[2018-02-08]. http://www.cbnri.org/news/5389402.html

依靠"总部经济"将其吸引过来,就正应了那句流行语:"昨天的我你爱理不理,今天的我你高攀不起"。

当然也有人说:"拜托,看企业不要只盯着华为和BAT,上海是没有华为和BAT,但不是还有很多央企、地方国企和跨国企业吗?宝钢、浦发、松下、拜耳、贝尔,等等,哪一个拿出来不是响当当的产值大户、利税大户?"

第一种说法虽然是调侃,但的确反映了很多年来上海经济发展的思路和特点——嫌小爱大。第二种说法,也不能说没有道理,但根据互联网时代的经济逻辑,一步落后,步步落后,一旦网络外部性背后的正反馈机制被触发和引爆,落后者要再赶上来,谈何容易?赢者通吃才是大概率事件。

互联网时代,集聚效应越来越强。根据《报告》,中国产业和企业创新主要有三大集群,即环渤海、长三角和珠三角,核心城市分别是北京、上海和深圳。

按照新经济地理学的观点,核心城市对周边城市有两种相反的效应,一种是所谓的"虹吸效应",即核心城市像黑洞一样慢慢吸干周边城市的资源;另一种是所谓的"辐射效应",即核心城市发展能够带动周边城市发展。

如图2所示,对比三个创新集群,可以发现一个非常有趣的现象。北京和深圳,作为核心城市,与其周边城市相比,越来越强,即虹吸效应强于辐射效应。上海却很不一样。尽管长三角在整个中国的相对重要性越来越高,但上海在长三角内部的相对重要性却越来越低。

上海的相对重要性下降,对此可以有两种不同的解释:第一种,上海这么多年的发展,充分体现了"牺牲我一个,幸福

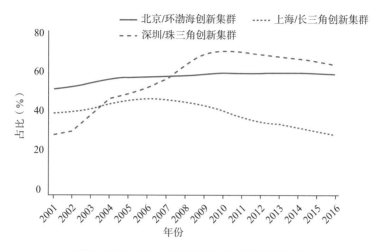

图 2 核心城市在创新集群中的创新指数占比

千万家"的大局观。但这种解释,周边城市不一定买账,它们更有可能认同第二种观点,即上海之所以相对衰落,不是因为上海让利,而是因为它们发展得更快。阿里巴巴离开上海回到杭州,并不是上海想帮助杭州发展,而是那时候,上海觉得留住阿里巴巴不如吸引一个跨国公司更加符合自己的利益。

笔者在上海生活了二十几年,自然希望这座城市能够更好地发展。昨天晚上和几个朋友吃饭聊天,说到上海的创新问题。我谈到了 2007 年,也就是 10 多年前在上海进行企业调研的结论,他们听了觉得仍然有一定的参考价值,希望我能够写出来。所以,如今再把当时的调研背景、分析逻辑和核心结论写出来。当然,必须强调,所有结论都是针对 10 年前的情况所做出的。

当时的调研背景是,国务院颁布实施了《国家中长期科学和技术发展规划纲要(2006—2020 年)》,其中设定了一个非常具体的战略目标,即"到 2020 年,全社会研究开发投入占国内生产总值的比重提高到 2.5% 以上"。当时整个中国,当然也包括上海,距离这个目标还有相当大的差距;更加关键的是,当时在沪企业的研发积极性普遍不高,我们调研的目标就是弄清楚这些企业研发积极性不高的原因。

当时通过上海市经济和信息化委员会组织协调,我们调研了数十家上海企业,按所有制分为国有企业、民营企业和合资企业。我们发现,不同的企业,尽管都表现出不愿做研发投资,原因却各有不同,可以用以下三个词语分别刻画。

缘木求鱼

这里讲的主要是一些颇具代表性的国有企业,发现它们普遍有三个方面的问题:

第一,企业决策层面没有研发投资的积极性。研发具有很大的不确定性。一大笔钱投下去,成功了,可能是有个奖状,但也仅此而已;失败了,却可能会被问责,被问为什么进行了这样不靠谱的决策?

第二,研发人员素质普遍不高,积极性也不强。这是市场竞争和"自选择"的结果。大锅饭,干多干少差不多,有能力的技术人员,要么被外资企业挖走了,要么被民营企业挖走了,要么自己下海创业去了;剩下来的,要么没有创新能力,要么没创新激励,要么两者都没有。

第三,过度的资本运作压制了创新积极性。有个企业的负责人称得上是企业家,非常具有创新能力和开拓精神,主导开发了一种热销产品,但种树的往往不是摘果子的,这个产品很快被集团公司无偿划拨到另一个公司,目的是通过国资整合,促进国有资产保值增值。我们只知道由于各种原因,这个负责人并没有被整合到新公司,但不知道他后来是否还留在原来的企业;也不知道如果他还留在原企业,是否还整天想着创新和开发新产品。是"援助之手"还是"掠夺之手",这是个问题。

弱不禁风

这里讲的主要是民营企业,"风"指的是与研发活动相关的技术风险和市场风险。

接受调研的民营企业,无一例外都非常强调研发的重要性。但它们之所以没有大规模投资研发,主要是不敢,害怕一旦创新失败,或者创新进展速度不如预期,整个企业资金链将面临巨大挑战。

与国有企业相比,民营企业,尤其是缺乏抵押物的民营中小企业,很难获得银行贷款,即便能够获得,资金成本也会更高。为了生存下去,这些民营企业通常都是"打一枪换一个地方",有什么项目做什么项目,经营行为非常短期化,难以形成持续的技术积累。

太弱小,禁不起风险,哪敢去冒险?

死于安乐

这里讲的是合资企业中的国内合作方。

在调研的所有企业中,任何一个合资企业,在技术开发能力上肯定不是最低的,但这些合资企业的国内方对自己研发能力的估计却是最低的。

在这些企业中调研,听中方负责人讲得最多的话,就是这方面我们不行、那方面我们不行,总之在每个方面,我们都比不过跨国公司。所以,进行投资研发,纯粹是找死。既然他们不愿意找死,又为什么说是"死于安乐"呢?这就要讲一讲合资的动机、逻辑和实际结果。

许多合资决策背后的逻辑是"市场换技术",意思是我们让出市场,换取跨国公司的先进技术。让出市场很容易理解,但怎么样才能换来技术呢?在合资企业中,如果我们占有 50% 乃至 51% 的股权,我们将具有控制权,进而可以决定合资企业的技术转让。

在合资企业的中方人员看来,现在之所以不进行研发投资,就是要通过合资吸收外方的先进技术,等到翅膀硬了再单飞也不迟,既稳妥,又经济。这听起来是一个非常顺畅的逻辑,但现实世界是如何运行的呢?在新产品或新技术引入方面,跨国公司不但具有绝对的主导权,而且对核心技术实行严格控制或者保密。面对技术图纸,国内合作方连修改一个字的权力都没有;很多时候,国内合作方甚至连图纸都看不到。

所以,让出市场是实打实的,但要说换来技术,大多是打了折扣的。这也很容易理解,任何公司,除非万不得已,谁愿意把自己安身立命的核心技术让渡给别人,凭空制造自己的掘墓人?跨国公司如此,换作任何一家国内公司,也是如此。

实际上,50% 的股权能否换来控制权和核心技术,对合资企业的国内合作方来说并不重要,他们更关心的是 50% 的股权背后的收益权。

大家可以设想,既然跨国公司"免费"提供新技术、新产品，企业当然就不用做有风险的研发投资，只需强化各种行政性的进入壁垒、确保合资企业免于民营企业的竞争威胁从而获得很高的市场利润即可。原因很简单，同股同权，每一块钱的利润，都有五毛钱是属于国内合资方的。非常惬意的"死于安乐"！

2018年2月8日

上海为什么没有 BAT?

网上有过一个特别火爆的话题是"上海为什么没有 BAT?"。严格来说,这个问题的知识产权应该属于俞正声同志:当年在上海任职时,他提了一个本质相同的问题——上海为什么没有马云和阿里巴巴?

已经有上海人勇敢地进行了自我剖析,从文化角度对此进行了精彩解释。大意是上海管理比较精细,做事很守规矩,同时又具有浓厚的"海(mai)派(ban)文化",嫌小喜大、厌恶风险、闯劲不足,这些都与起于畎亩、野蛮生长、"得草根者得天下"的互联网逻辑格格不入,因而上海搭不上互联网快车在所难免。

凡是在上海学习、工作、生活多年的人,都很难否认这种文化基因论的解释。但问题是,海派文化真的排斥冒险精神吗?以前似乎不是这样的。看过《上海滩》的人都知道,曾经的十里洋场,不正是冒险家的乐园吗?进一步来说,当年移居香港的企业家,有多少又是从上海滩移民过去的?比较历史,让人们不禁纳闷,素以冒险闻名的海派文化何以成了保守的代名词?

我们今天就通过比较各个城市,从经济而非文化的角度来阐释上海为什么没有 BAT。

上海为什么没有BAT?

上篇文章介绍了2007年我们在上海的调研结果,不同所有制企业创新激励不足的原因各不相同。尽管这是2007年得出的结论,但"十年树木",今天的结果何尝不是10年前早已种下的呢?

前文也提到,在集群层面,长三角的整体实力相对增加,珠三角和环渤海则相对减弱;但在集群内部,北京和深圳的相对重要性逐渐增加,上海的相对重要性逐渐降低,与上海相邻的杭州的相对重要性则在快速增加。

进一步来说,比较中国创新力前四的城市——北京、深圳、上海、杭州,就创新领导企业而言,北京主要是央企和民企,深圳主要是民企,上海主要是国企和外企,杭州主要是民企。由此很容易发现上海的独特之处:国企强,外企强,但民企相对较弱。诚然,BAT在所有制上都具有一定的外资特征,但就决策、组织架构和商业模式而言,它们是地地道道的民企风格。

所以,要回答上海为什么没有BAT,在很大程度上,就是要回答为什么上海不具有民企做大做强的土壤和环境。

相较于北京、深圳和杭州,面对强大的国资和外资,处在夹缝中的上海民企,之所以难以做大做强,是因为其既不能在体制内获得垄断资源,也无法在市场中取得竞争优势。

任何企业,要做大做强,都必然是享有竞争者难以复制的某种垄断权。这种垄断权可能来自行政性的进入壁垒,也可能来自技术性的进入壁垒。不管是何种原因,进入壁垒越高,企业享受的垄断租金就越高。国企的高额利润,主要得益于行政性进入壁垒;而成功的民企,则主要是在激烈的市场竞争中,通过不断创新,优胜劣汰,逐渐形成了竞争者难以突破的技术性进入壁垒。

一个企业选择创新还是守旧，取决于两种效应的相对强弱，一是肯尼斯·阿罗刻画的"替代效应"，另一个是约瑟夫·熊彼特刻画的"创造性破坏"。依靠行政性进入壁垒的国企，在本质上没有多少进入威胁，因而"替代效应"更强，即创造和采用新技术，主要是"替代"了既有利润；而依靠技术性进入壁垒的民企，则必须不断创新，才能"保住"既有利润。所以，民营企业占主导的地方，一定是创新活力很强的地方。这很好地解释了深圳的"一枝独秀"和杭州的"异军突起"。

接下来我们需要解释在央企超强的北京，民企为何也能极具活力？换句话说，为什么行政性进入壁垒没有遏制创新？实际上，只要看看央企在做什么、BAT在做什么，这一点就很容易理解了。

行政性进入壁垒要起作用，必定要有明确的目标，这就要求行业的技术不确定性比较低，比如石油、电力、通信、土地等。这些牵涉到重大"国计民生"的领域，不但容易确定，而且设立行政性进入壁垒之后，无须太多创新，就可以获得巨大的财税收入。

但是，在诸如互联网等新兴产业领域，技术、需求和商业模式都具有很大的不确定性，设立行政性进入壁垒不但在程序上很难，而且即便设立，也很容易被新的商业模式所颠覆。简言之，在这些领域，设立行政性进入壁垒属于吃力不讨好的事情。国企不愿做、不会做，也不知道怎么管，这恰好就给民企留下了野蛮生长的空间。这大概可以解释北京的情况。

最后再来看上海。如前所述，与北京、深圳、杭州相比，上海最独特的一点就是有强大的外资,而这正是遏制上海民企做大做强的一个关键因素。

对北京的分析已经说明,非市场化的国企本质上不会对"市场化"的互联网民企构成制约,对外企却大不相同。就上海而言,能够被看中和看重的外企,无一不是大型跨国企业,它们都具有很强的技术实力和市场化经验。在招商引资的过程中,为了吸引这些跨国公司,地方政府大都给了非常优惠的政策待遇,甚至是"超国民待遇"。技术优势、市场经验再加上"超国民待遇",让这些跨国公司在与同类的民企的市场竞争中占尽优势。这样一来,上海的民企就面临一个非常尴尬的生存环境:与国企比,没有政策优势,难以享受行政性进入壁垒的好处;与外企比,也没有政策优势,更没有技术优势,难以构建做大做强的技术性进入壁垒。

黄仁宇先生写过一本很出名的书——《万历十五年》,说的是貌似平平淡淡的一年,实际上却是明王朝盛极而衰的分水岭。

1999年,马云和阿里巴巴撤离繁华的淮海路回到杭州,对于上海来说没有任何感觉。那时候的马云,不过是一个来自杭州的"乡下人";而与"高大上"的跨国公司相比,阿里巴巴也不过是一个名称怪异的小公司。但不到二十年的时间,一切都完全改变,以至于有了"上海为什么没有BAT?"的问题。

在互联网时代,BAT们不再是简单的几个公司,而是一个个互联网企业赖以发现、融资、竞争、成长和发展的巨型生态圈。错过几个大公司没什么大不了的,但失去了大公司赖以生存的土壤和环境,才是真正要命的。

2018年3月3日

"上海为什么没有BAT?"：真问题，假问题？

上篇文章发出后，有很多人表示认同，也有不少人提出质疑。本来只是想阐述一下自己关于"上海为什么没有BAT?"的看法，但后来发现，总结一下不同人关于此问题的不同看法或许更有意思。

不管是学术讨论还是政策分析，实现和而不同都是最佳结果。也就是说，不同的人可以持有不同的观点，但每一方都知道另一方在说什么，前提假设是什么，推理逻辑又是如何进行的。

大家都清楚，逻辑正确的结论，不一定真的正确，但逻辑不正确的结论，一定是错误的。所以，要实现和而不同，最低的要求是每一种观点都必须是逻辑自洽的。以此为基础，不同的人有不同的看法，实际上就是不同的人采取了不同的假设。

由此，本文挑选和整理了后续争论中的一些代表性观点，略做点评，供读者参考和思考。

第一，没有BAT是常态，有BAT才是特殊的。

这种观点，生动地说就是"纽约也没有BAT"，或者说"硅谷也没有产生于纽约"。没有硅谷和BAT，并不代表纽约不是一个伟大的城市。同样的道理也适用于上海。上海没有BAT很正常，不必大惊小怪。

点评：的确，每一个城市都是独特的，每一个企业也都是独特的，要求上海或者其他城市都有阿里巴巴、腾讯和百度这三个公司，显然是不可能的。但这种观点明显在故意回避问题。简单地说，"为什么上海没有BAT？"不是在强调BAT这三家企业，而是在问"为什么上海没有BAT之类的企业？"。

说老实话，我对纽约不了解，不知道纽约是否将自己对标硅谷，但我们知道，在上海的众多"中心"定位中，"具有全球影响力的科技创新中心"是非常核心的。在这一轮互联网浪潮中，上海到现在还没有响当当的科技企业，就和这一目标不太符合。

进一步来说，从现实角度看，中美两国的体制有很大差异。我们可能可以说纽约和洛杉矶没什么好比的，但在中国情境下，说上海和北京不用比，大概是讲不过去的。

第二，上海没有生出BAT的基因。

这种观点本质上是宿命论，认为每个城市都有每个城市的产业基因，而上海恰好缺乏互联网产业基因。种瓜得瓜，种豆得豆，一定要上海有BAT，实在是强人所难的"种豆得瓜"。

点评：这种观点是说让上海有BAT好比炊沙成饭。按照这样的基因论推理，上海是不应该出现互联网大企业的。但历史事实并非如此。

在这轮互联网浪潮中，上海可谓是起了个大早，却赶了个晚集。上海曾经有过很多在行业中执牛耳的互联网企业，远的如做电邮和门户的亿唐、做电子商务的易趣，近的如众所周知的饿了么、大众点评等,但奇怪的是这些公司都没有长成 BAT,也没有做到京东、美团的级别。

实际上,从股权投资(PE)与风险投资(VC)的实际投资额看,上海不缺独角兽企业或者潜在的独角兽企业,但上海原产的独角兽企业,似乎总是在冲刺伟大公司的路上功败垂成。一两个公司,可以用创始人生病、离婚等随机事件解释,但很多公司都如此,就难以排除偶然性之后的必然性了。

第三,上海没有 BAT,但上海很健康;差异化竞争,谁笑到最后,尚不可知。

点评:我认为,这种观点在逻辑上最无懈可击。的确,每个城市都有自己的发展战略,而战略实施的效果有起有落。虽然这一轮互联网浪潮不是"上海本帮菜",但技术趋势变化如白云苍狗,或许在不久的将来,上海将拥有其他城市所没有的独特优势。比如,上海的精细化管理,让上海难以适应具有"野蛮生长"特性的互联网产业,但谁知道会不会很快出现一种极度强调秩序的新兴产业呢?

产业发展的确呈现出一种"否定之否定"的演变路径。比如,VCD 发明出来后,人们都预期电影产业将走向没落,但没料到,电影产业在经过宽屏个性化改革之后,迎来了前所未有的春天,不仅没有没落,反而是 VCD 早已经死掉了。再比如,收音机曾经被认为是过时的、要被淘汰的,但几年前,随着利用碎片化时间学习的知识付费概念的兴起,音频产业获得了巨大的发展。上海有喜马拉雅、北京有得到,音频产业成了一个方兴未艾的新兴产业。一句话,上海没有 BAT,但上海很健康,或者说,"为什么上海没有 BAT?"这个问题可能是个假问题。

我设想，所有的讨论者，包括我自己在内，都希望上海能够更好。社会问题，不像物理学问题那样可以对错分明，不同的人有不同的看法是很正常的。

但无论如何，任何结论至少要通过逻辑检验，通不过逻辑检验的命题肯定是错误的；通过逻辑检验之后，剩下的观点可谓见仁见智，大家也只能和而不同，至于是否正确，只能留待时间检验。

2018 年 3 月 4 日

知识何以有力量

为什么一流知识永远不免费？

汪丁丁教授是我很敬仰的学者，他博闻强识，学贯中西。我在学生时代就仔细读过他的《在经济学与哲学之间》，很受启发。这本书不光经济学专业的人喜欢，许多学哲学的人也喜欢。在书中，作为哲学家的丁丁教授向学经济学的人介绍了哲学，作为经济学家的丁丁教授也向学哲学的人介绍了经济学，在经济学与哲学之间架起了可以相互沟通的桥梁。

不过，我读了丁丁教授发表的《为什么一流的知识永远免费？》一文之后，很不认同，觉得有必要表达一些相反看法。我猜想，追求知识至善至美的丁丁教授一定会将本文视为就事论事的商榷，而不是后辈对前辈的一次冒犯。

按照我的理解，丁丁教授的大意是：一流知识必须有一流知识特有的表达方式，只是写给那些能看得懂的人的。为此，丁丁教授特别提到了维特根斯坦，将其作为一流知识永远免费的例证。

下面，我们从语言哲学开始，到经济学结束，说明一流知识永远不免费，也不应该免费。

维特根斯坦

在哲学界，维特根斯坦是个神一样的存在，深邃、神秘、难懂。网上有人列举了世界最牛的十篇博士论文，维特根斯坦的论文雄踞榜首，排在他后面的有德布罗意、萨缪尔森、张五常等人的论文。

维特根斯坦做语言哲学，是公认的狂傲天才。大名鼎鼎的罗素，一开始是维特根斯坦的老师，但后来觉得师徒关系应该反转才对。罗素对维特根斯坦青眼有加，但在维特根斯坦眼中，罗素也是永远无法理解其一流知识的"俗人"一个。"俗人"罗素，文笔极其优美，写出了许多专家很不以为然但普通人（比如我）很喜欢的《西方哲学史》。

维特根斯坦难懂，但并非完全不可知。剑桥和维也纳哲学圈如此敬重维特根斯坦，肯定不是因为他们完全听不懂维特根斯坦，而是因为他们至少听懂了部分维特根斯坦，并且根据他们听懂的部分，推断出维特根斯坦超级厉害。进而，对于那些听不懂的部分，也就有理由推断，听不懂不是维特根斯坦的问题，而是因为自己理解力有限。

交流效率

佛陀与迦叶之间交流完全没有障碍，拈花微笑足矣。实际上，拈花微笑本也不需要，只是为了点化别人不得已而为之。两个配合多年的双打选手，互相走位，配合掩护，一个眼神、一个手势足矣。但在一般情况下，人与人之间的沟通和交流并没有那么顺畅，必然存在信息丢失或信息扭曲。

一般地，人际交流可以被刻画为一个信号发送者和信号接收者之间的互动博弈。首先，某个人有了某个想法，然后用语言（包括口头语言、书面语言、肢体语言等）表达出来；另外一个人接收到这种语言信号，处理、消化形成自己的思想；单向交流，至此结束。但在争论或者双向交流中，这种过程会反过来再重复，原来的信号接收者变成信号发送者，原来的信号发送者变成信号接收者，如此反复。

两个具有共同语言并且理解力相仿的人，经过多轮沟通之后，即便达不成共识，也会达成"和而不同"（agree to disagree），即便我不同意你，但我知道你在说什么。但如果两个人没有共同语言或者相仿的理解力，最终的结果必然是"鸡同鸭讲"，说再多都无用。这时候，请记住维特根斯坦的箴言：凡是不可言说之物，应该保持沉默。

语言表述范式

思想和表达之间到底如何刻画？

我设想有这样一个最简单的表述范式（representation）："思想"是 N 维空间中的一个向量，而"语言体系"是一个 M 维的坐标系；如果 $M \geq N$，那么，这个思想就是可以完全被这个语言体系表达的；反之，如果 $M<N$，则用这个 M 维的语言体系去表达这个 N 维的思想，就只能捕捉到 N 维向量在 M 维坐标系上的投影，表述必然是不完美的。根据上述表述范式，可以将语言没法表达的情况解构如下：

第一种情况，一个具有 N 维思想的人把这个 N 维思想表达给只有 M（$M<N$）维理解力的人。

这时候，表述必然面临两难：

如果将 N 维知识投影在 M 维，只表达 M 维理解力的人可以理解的部分。受教者似乎听懂了，但 N 维理解力的人知道其并不是真懂。

如果按照 N 维表述方式忠实地表达，那么 M 维理解力的人就有可能会感到完全不理解。

考虑一个思想实验：一个象鼻虫生活在一维空间（直线）里，同时有一个蚂蚁生活在二维空间（平面）里。现在，蚂蚁爬到象鼻虫的直线上，位于象鼻虫前面。这时候，如果蚂蚁告诉象鼻虫，不经过象鼻虫所在的位置，它是不可能到象鼻虫后面的，象鼻虫会深以为然；但如果蚂蚁告诉象鼻虫它可以不经过象鼻虫所在的位置而绕到象鼻虫后面，象鼻虫将无法理解，因为在一维空间中根本没有"绕"这个概念。

当然，二维空间中的蚂蚁的确可以从边上绕过去并站在象鼻虫的后面。这时候，象鼻虫所观察到的是：蚂蚁先是不见了，然后又在自己后面出现了。对象鼻虫而言，这是神迹！所谓神迹，就是先告诉别人要做别人看来不可能做到的事情，然后的确做成了。

如果觉得象鼻虫的例子不直观，可以设想你在一个密闭的屋子里面，然后外面有个人说他可以穿墙而入，只具有三维空间理解力的你肯定不信，但如果外面的人真的穿墙而入了，你肯定会觉得他很神。这时候，你实际上就是一个三维空间的象鼻虫，而那个神人就是一个四维或四维以上空间的蚂蚁。

在蚂蚁和象鼻虫的例子中，即便象鼻虫不理解蚂蚁是怎么到自己后面的，但事实胜于雄辩，象鼻虫会认为蚂蚁展示的是神迹。

但在有些情况下，一个具有 N 维思想的人无法向 M（$M<N$）维理解力的人展示"神迹"，这时候就多说无益。最好的例

子是柏拉图的山洞：最初人们都住在山洞里面，不知道山洞外面的世界实际上更加精彩。某一天，有个人因为各种机缘巧合跨出了洞门，看到了外面的大千世界。他觉得洞里面的人很可怜，于是回到山洞告诉他们，外面的世界很精彩。

但正如夏虫不可语冰、象鼻虫无法理解蚂蚁，洞里的人不但无法理解这个人在讲什么，而且还会认为这个人是个疯子，在妖言惑众。由于这个人没办法展示"神迹"，即没办法让其他人走出山洞观察外面的世界，所以他就无法证伪别人给他贴的疯子标签。越辩解越像疯子，最后可能会被山洞里面的人投票处死，就像暴民投票处死柏拉图的老师苏格拉底一样。这时候，记住维特根斯坦的箴言是明智的：凡是不可言说之物，应该保持沉默。

第二种情况，表达者本来就没有可以明确表达的思想。

一个拿着水晶球但并不能真正预知未来的巫师，面对人们的询问，他的回答必然是模棱两可、似是而非或者难以理解的。让听的人听不明白，正是装神弄鬼之人追求的效果。

有一个例子很能说明问题：三个人进京赶考，在一个破庙遇到一个算命先生，就向其询问各自的前途如何。结果算命先生伸出一个手指头，然后就沉默不语了，让人以为好像天机不可泄露。

一个手指头，到底是什么意思？三个人里一个人都考不上？三个人里只有一个人能考上？三个人里只有一个人考不上？还是三个人一起都考上？所以，不管什么情况发生，事前模棱两可的算命先生在事后总会是对的！

(不)等价表达

把以某种语言写就的著作翻译成其他语言的本质是在不同语言体系下重新表述思想。严复对翻译提出了三个标准：信、达、雅。"信"指翻得准确，忠于原文；"达"指翻得通达，明白流畅；"雅"指翻得漂亮，优雅工整。

在佛教传入中国的过程中，出现了许多翻译大师。最著名的当然是鸠摩罗什和玄奘大师。相比而言，玄奘更强调"信"，而罗什则更强调"达"和"雅"。在一般人比较熟悉的佛经典籍中，除了《心经》是玄奘译本最为流行，其他如《金刚经》等则都是鸠摩罗什译本更加流行。

同为三藏法师，鸠摩罗什和玄奘在翻译的"信"这一方面都没有问题。关于鸠摩罗什译经，有一个传说，就是鸠摩罗什大师因为生前被迫破戒，所以其译经的正确性遭到一些人的质疑。鉴于此，他在圆寂前当众说："我一生所译经文都有根据，句句无误。如果译文没有错误，那么死后焚尸，我的舌头就不会烧坏。"他圆寂后肉身焚烧尽化，唯独舌头真的没有焦烂，并且口中不断放射出形如莲花的光亮。当然，这只是传说而已。

不同语言之间的翻译，作品不同，难易也不同。据说，让自己的作品跨语言表述而没有太多信息扭曲的，做得最好的是米兰·昆德拉，即《生命中不能承受之轻》（另有译为《不能承受的生命之轻》的，英文书名为 *The Unbearable of Being*）的作者。但有一些作品，作者想表达的思想深深内嵌于作品最初的语言中，翻译成其他语言极其困难。比如《红楼梦》，我实在无法想象如何将金陵十二钗判词翻译成英文而不丢失其中的谐音双关。

当然，还有一些翻译作品，由于译者水平实在太高，以至于和原作相比，也丝毫不输。例如，在某种程度上，或许是曾缄造就了"不负如来不负卿"的仓央嘉措。

翻译还包括学术语言与日常语言之间的翻译。不可否认，有些学术思想太过深邃，以至于很难甚至无法翻译成日常语言。比如说，如果不了解现代物理学和相对论，真正理解爱因斯坦的质能方程就是不可能的。一般人即便能背下来 $E=mc^2$，但实际上并不知道其真实含义是什么。

不过绝大多数道理都是完全可以通过日常语言表达的，有时候表达的效果还一点都不弱。例如，信息经济学中的单交叉条件，翻译成日常用语就是"是骡子是马，拉出来遛一遛"。

这样，增强表达效果的一个途径就是"见神说神话，见人说人话"。在神面前，说人话，就显得很"low"；在人跟前，偏要说神话，就显得很"装"。

经济学界中，将这种本事发挥到极致的要数保罗·克鲁格曼。一方面，克鲁格曼能够用行内人才能明白的语言发表学术论文，并因此荣膺诺贝尔经济学奖；另一方面，克鲁格曼也可以用老百姓喜闻乐见的话语，表达他想表达的各种思想。

一流知识，永远都是一流价格

回到本文的正题，从经济学的角度考察知识定价的问题。

丁丁教授的命题是一流的知识永远是免费的，论证的逻辑是：

> 一流知识的特征是，人类在数百年里只有数次机会与具有根本重要性的问题相遇，如果你幸运地遇到

了这样的问题而且你获得了重要性感受,那么根据"怀特海三段论",你就有了表达自己的这一重要性感受的冲动。注意,此时,你绝不会为了让大众理解你的表达而扭曲你对重要性感受的表达。①

从丁丁教授文章后面的内容可以知道,这是他对商业操作团队不断要求他修改表述方式的吐槽。这种心情完全可以理解,但由此得出一流知识永远免费的命题,还是难以服人。

丁丁教授的命题换一种表达方式,就是:市场在知识定价方面完全失效,也应该失效。可事实并非如此。市场对于知识定价,可能会迟到,却永远不会缺席,也不应该缺席。

我想,没有多少人会认为孔老夫子传授的不是一流知识。但即便如孔夫子,传授知识也不免费。《论语·述而》中有"子曰:自行束脩以上,吾未尝无诲焉"。这表明,要拜有教无类的孔夫子为师,需要拎点敬师礼才行;这既是尊师重教的礼法,也是一种筛选机制。

再以维特根斯坦为例,1929 年,他重返剑桥大学,以《逻辑哲学论》为题,通过了由罗素和摩尔主持的博士论文答辩,并留在三一学院讲授哲学。1939 年,维特根斯坦接替摩尔成为哲学教授。大家知道在老牌的英式教育体制下,教授职位非常稀缺,基本上一个系只有一个。大名鼎鼎的凯恩斯,一辈子在剑桥也只是做了个讲师,因为之前担任教授的是他的老师马歇尔,而在马歇尔逝世之后,教授职位又一直被师兄庇古霸占着。

---

① 汪丁丁. 为什么付费买到的只能是三流知识?[EB/OL].(2018-02-11)[2018-02-14]. https://www.sohu.com/a/222277095_136745

维特根斯坦教授领着高额的剑桥薪水,说他的知识免费,怎么都说不过去。

再举一个最近的例子,"华人之光"张益唐证明了存在无穷多个差值小于 7 000 万的素数对,从而在最终解决世界难题孪生素数猜想这一百年数论难题的道路上前进了一大步。这是一个惊世骇俗的伟大成就。在此之前,张益唐历经坎坷,只是在朋友的帮助下才在美国新罕布什尔大学谋了个讲师职位。然而,惊世之作发表后,他的境况立即改变,如今他不但已是美国加州大学圣塔芭芭拉分校数学系的教授,还曾受邀到爱因斯坦曾经工作过的普林斯顿高等研究所做演讲。另外,他还获得了一系列数学大奖,如 2014 年的罗夫·肖克奖和麦克阿瑟天才奖,以及 2016 年的求是杰出科学家奖,等等。可见,市场对一流知识的定价,可能会迟到,但不会缺席。

一流知识只能免费,付费只能买到三流知识,若照此逻辑推理,会得到很多荒唐结论。

第一,为知识付费者是傻帽。既然已经有免费的一流知识,那为三流知识付费的自然是傻帽。这种傻帽不光是收听付费课程的广大消费者,也包括那些花巨额薪酬挖技术人员的大公司。即便否认群众眼睛是雪亮的,但要说那些腰缠万贯的富翁个个都是傻帽,未免太不符合常理。要是傻帽能赚大钱,人人都想当傻帽!

第二,一流知识的创造者也是傻帽。一流知识完全免费,三流知识能卖高价,必然意味着:创造一流知识的人会过得穷困潦倒,而创造三流知识的人则过得有滋有味。在这种知识的报酬体系下还创造一流知识的人,不是傻帽是什么?

丁丁教授的正确之处在于，一流知识的传播过程应该是免费的，因为这样最符合社会的价值，更多的一流知识可以将那些三流知识挤出市场。丁丁教授的错误在于，将一流知识或者一流人才的一次性付费机制当成了免费机制。

关于一流知识，既要照顾传播过程的免费，又要照顾创造者的收益，最好的权衡结果或许是一次性高额付费，也就是类似于终身教职制度下的非连续固定薪酬制度。"固定"的含义是，在一定合同期内，整体薪酬是个常数，但如果条件发生重大变化，双方可以协商修订合同条款。按照前面的例子，在张益唐讲师发表惊世之作后，可以"不连续地"升为张益唐教授。

这很像是吃自助餐，消费者付费之后不管吃多少，边际费用都为零，但不能因此就说自助餐是免费的。实际上，越高档的自助餐厅，收费越贵。

一流知识必然免费的说法，就类似于将医护人员称为白衣天使、将教师称为人类灵魂的工程师，但就是不给他/她们以体面的薪酬。

弗里德曼曾经说，为什么付费就得到什么，不为什么付费就得不到什么。一流知识永远不免费，也不应该免费。要得到一流知识，就必须支付一流价格。一流知识，不光包括一流知识本身，还包括将一流知识翻译成日常语言的知识。我们现在要做的就是给一流知识的创造者支付一流的价格。

2018 年 2 月 14 日

再论知识的对错、高下与定价

知识有对错？

凡事论对错,必须有判据。判断知识的对错,最简单的是按照亚里士多德的方法,将知识进行分类。按照习惯,知识可以分为两大类,一种是社会知识,另一种是科学知识。

社会知识通常没有客观的判断标准。以"美"的概念为例,到底什么是美?不同人可能有不同看法。"环肥燕瘦""情人眼里出西施",说的就是这个道理。

但科学知识则有很大不同。科学是什么?影响力最大的定义应该来自卡尔·波普。在波普看来,科学是一个猜想和反驳的过程。对于某种自然现象,人们猜想一种理论解释,然后由此可以推出一系列可以经受检验的命题。如此,他认为科学精神的本质是证伪主义,而不是实证主义。胡适先生所谓的"大胆假设,小心求证",基本上采取了波普的定义,但他没说清楚的是"求证"主要是指"证伪"还是"证实",这在方法论上有很大的差异。

经验实证主义的本质困境是"休谟问题",比如不管你看到多少只白天鹅,都不能总结出"天鹅都是白的"的命题,因为明天就有可能发现一只黑天鹅。

波普的证伪理论则是说,只要发现一只黑天鹅,就可以证伪"天鹅都是白的"的命题。听起来,波普的说法更加符合道理。科学进展也大致是按照波普论证的范式进行的。

比如,亚里士多德的"重的物体落得快"这个命题,很符合日常观感,但它遇到了伽利略在逻辑和经验两方面的挑战。

从逻辑上讲,设想有一个大石头和一个小石头,按照亚里士多德的理论,大石头落得快,小石头落得慢。但做个思想实验,用一根没有重量的线把两个石头"绑"在一起,则根据平均律,两个石头绑在一起应该落得比大石头慢,比小石头快;但是,两个石头"绑"在一起形成了一个比大石头还大的巨石头,而根据亚里士多德的理论,这个巨石头应该比大石头落得还要快。这就产生了自相矛盾。从经验上,伽利略则通过著名的比萨斜塔实验,最终证伪了亚里士多德的理论。

顺便说一下,笔者曾经批评过武书连的大学排行榜,因为其指标设定犯了和"两个石头"一模一样的逻辑问题。按照武书连的排行规则,两个学校合并起来,排名会更加靠前。他曾经用南京大学和东南大学举例,说这两个大学合并起来,排名就和浙大差不多了。对武书连的排行规则唯一的辩护是两校合并之后存在超强的 1+1>2 的协调效应,但根据笔者对许多学校合并结果的观察,不出现 1+1<2 的内耗就已经是烧高香了。

波普信奉不确定性,写过一本书叫《历史决定论的贫困》(*The Poverty of Historicism*),并用此来反驳马克思的历史唯物主义。但从上面的讨论可以发现,他对于科学哲学的讨论,和他对不确定性的信仰有一点点小冲突，因为在他的证伪主义框架中，他假设存在一个绝对正确的经验证据。可如果他相信不确定性，那这样绝对正确的经验证据是不可能存在的。

理论会骗人，证据也会骗人。亚里士多德的理论之所以统治人类上千年，就是因为石头比鸡毛落得快，人们在现实生活中观察到的无数经验证据与亚里士多德的理论推测相一致。由于经验证据也可能存在错误，所以在判断知识对错的时候，证伪主义并不能完胜实证主义。实际上，假设存在一个客观的判断对错的标准，证伪和实证分别犯的是第一类错误和第二类错误，前者是否定了正确结论，后者是认可了错误结论。

按照这样的思路，很容易理解物理学与经济学在对错标准上的差异。物理学研究的是自然现象，证据更加客观，今天去测氢原子和昨天去测氢原子，结论几乎没有差异，氢原子不会因为人们的测量时间而调整它们的行为。经济学的研究对象则是人类行为，与氢原子相比，人有预期，会对之前的各种政策或者测量行为做出反应。简言之，无法对人类社会做严格的"可控"实验。诺尔贝经济学奖得主罗伯特·卢卡斯正是从这个角度论证了政策的无效性。任何政策，都是基于现有参数做出的，而政策实施后，人们会根据政策调整他们的行为，政策参数也会随之发生变化，进而导致原有政策不再有效。

因为经济学的证据没有物理学的证据"硬核"，经济学的科学性也就没有物理学的科学性"硬核"。这一点，是研究对象本身的特性所决定的，和研究者的水平高下并不相关。

知识有高下？

知识当然有高下之分。人类社会的重大进步，总是伴随着一系列重要的知识突破。不论是万有引力定律、相对论、量子力学等，还是"看不见的手"、信息不对称、卢卡斯批判等，都是具有划时代意义的一流知识。

知识有高下最直接的明证是有的人获得了诺贝尔奖、菲尔兹奖等，绝大多数人则没有这样的荣耀。获奖者之所以获奖，是因为他们对于一些基本问题作出了卓越的解答。相比而言，还有一些类型的"知识"就很难让人们感到伟大之处。比如《围城》中就刻画了一个叫褚慎明的人物，他声称与罗素很熟，还说罗素会向他请教知识，但他所谓的"知识"只是"咖啡里要放几块糖"这种无关紧要的私人问题，因此方鸿渐等人听后只认为此人太装腔作势。

接下来的问题就是如何理解知识的高下与对错之间的关系。可以明确的是，这两者之间并没有明确的对应关系。一个人提了个好问题，却给出了错误解答，这并不代表他的知识没有价值；对社会来说，一个被回答错误的好问题，比正确的废话更有价值。

大家认可牛顿的名言，认为科学进步是"站在巨人的肩膀上"累积创新的结果。伽利略的伟大之处在于证伪了亚里士多德的理论，但伽利略的伟大也并不能否定亚里士多德的伟大。

知识定价中的阿罗难题

与任何其他商品一样，知识也有生产和交易。但与通常的商品不同，知识在生产和交易方式上有其特殊性。

知识定价的第一个难题是阿罗信息悖论。即在知识产品的买卖过程中，买家需要知道信息内容方可做出价值判断；可一旦买家已经知道了信息内容，他也就没有积极性再花钱购买了。

知识定价的第二个难题也与阿罗有关。阿罗的分析起点是将知识假设为公共品，即具有非竞争性（non-rivalry）和非排他性（non-excludability）。

非竞争性的含义是，知识产品在消费上没有非此即彼的"争夺性"。举个例子，一瓶矿泉水，张三喝了，李四就没得喝了，这体现了私有产品在消费上的争夺性。可如果是一位教师在教室里上课，多走进一个听讲的学生并不会妨碍之前已经在教室里的学生听讲。非竞争性的另一种解释是，边际上再增加一个消费者，社会需要支付的边际成本为零。在上例中，下面多坐一个学生，并不会增加教师的上课成本。

非排他性则指的是，知识产品的创造者无法阻止其他人免费地享用该产品。最典型的例子是软件厂商无法防止消费者或者其他竞争者使用盗版软件。

非竞争性对应的是知识产品的技术特性，而非排他性尽管与技术特性相关，但主要说的是知识产品的社会属性。毕竟，政府可以通过知识产权保护来防止盗版行为。

由于知识的非竞争性，市场在知识定价上必然存在两难：一方面，从事后角度看，也就是在知识被创造出来之后，知识产品的边际成本为零,因而不应该实施垄断定价;但另一方面,为了鼓励知识创造,知识的创新者必须获得正的收益,因此要求知识产品的定价必须高于边际成本。一句话,在市场情况下,知识的生产效率和使用效率存在顾此失彼的两难问题。

由于上述两个难题,人们通常认为,市场在知识定价方面是失灵的,或者至少是部分失灵的。但从后面的分析可知,在很多情况下,市场本身会演化出很多办法来解决失灵问题。

知识并非公共品

人们在考虑知识问题时,一个最常见的假设是公开知识等同于公共品。但下面的论证可以表明,这是一个明显错误的起点。

第一,来自商业秘密的责难。

商业秘密,顾名思义就是私有知识,而不是人人皆可获得的公共品。只要看到经济社会中存在那么多的商业秘密,就知道将知识假设为公共品是个多大的错误。对于如何保障知识的可占有性(appropriability),根据"卡内基—梅隆调查"和"耶鲁调查",在很多行业中,企业的CEO都认为商业秘密是比专利更加重要的保护方式。

第二,来自学习成本的责难。

首先,各个国家的经济发展水平差异,本质上是一种技术差距。其次,如果知识是公共品,则根据知识的非竞争性和非排他性,各个国家必然具有相同的知识水平和技术水平。但现实是,不同国家的经济发展水平差异甚大。这反过来就说明,要么经济发展水平不是主要由技术差距引起的,要么公开知识并非人们想象的公共品。在我看来,否认经济发展水平主要是由技术差距导致的是很难的,比如日本、韩国等国家,因为若仅从资源的角度来看,是很难解释它们的经济发展水平的。

如果公开知识不是公共品,则有三种可能性:公开知识并不是非竞争的,公开知识并不是非排他的,以及两者兼而有之。

不满足非排他性,主要是与知识产权制度等法律制度密切相关。如《与贸易有关的知识产权协定》规定,任何 WTO 成员方都必须维护一个不低于最低水平的知识产权保护。以高通的手机专利为例,即便中国、韩国等国家的企业知道高通的专利技术,但根据知识产权保护,也必须向高通缴纳不菲的专利许可费用。因此,我认为非排他性并不足以解释国家之间的发展水平差异。

不满足非竞争性,则与知识的学习成本相关。按照前面的定义,非竞争性意味着边际上再增加一个消费者,社会成本为零。很显然,$E=mc^2$ 已经公开在那里了,这时候边际上增加一个读者,已经过世的爱因斯坦显然不需要再支付什么科研成本,但是,如果这个读者要弄懂质能方程,则仍然需要花费巨大的学习成本。正是这种不菲的学习成本,说明公开知识并非人们想象的公共品。同时,这种不菲的学习成本还意味着,能够以常人更容易理解的方式阐释质能方程同样具有社会价值。绝大多数教师,虽然没有创造出新的知识,但是降低了知识传播和扩散过程中的学习成本,他们因此而得到报偿也是理所应当的。

第三,来自数据库收费的责难。

笔者曾经翻译过诺贝尔经济学奖获得者让·梯若尔的一个论文集《创新、竞争与平台经济》。最初我们想把梯若尔相关的主要论文都收录进来,可是最终有些非常重要的论文不得不舍弃，原因是版权问题。爱思唯尔公司的版权价格非常贵，贵得超出想象。

这让我想到欧洲经济学会会刊的变化。以前，欧洲经济学会的会刊是《欧洲经济评论》(*European Economic Review*)，正如美国经济学会的会刊是《美国经济评论》(*American Economic Review*)一样。但后来，欧洲的一些"大牛"学者觉得爱思唯尔的定价太高，不利于学术知识的传播，希望他们能够降价，但遭到拒绝。于是，"大牛"们就另外创办了一个期刊《欧洲经济学会会刊》(*Journal of European Economic Association*)。

这个例子说明，即便是已经公开发表的论文，在流通过程中也不一定是免费的。无独有偶，中国知网也遇到了类似的问题，国内的许多学校抱怨知网定价太贵。

知识价值实现的几种方式

对于知识的创造者而言，实现知识价值的方式可以是直接的，也可以是间接的。直接的含义是，知识的创造者可以将知识本身（如专利、版权等）卖给他人，并因此获利。间接的含义是，知识的创造者并不直接出售知识，而是将知识转化成商品到市场中进行销售。这种商品既可以是通常所谓的产品，比如一个质量更好或者成本更低的茶杯；也可以是具有很好学术声誉的学者。另外，不论是通过直接还是间接的方式，知识价值的实现最终都体现为能够给社会带来某种好处。

1. 商业秘密（secrecy）

商业秘密，就是人们将自己的发明创造保留为私人知识。这种私人知识，可能是通常所谓的"偏方""诀窍"(know-how)

或者"绝活"。商业秘密直接进行交易,最大的障碍就是阿罗信息悖论。如果潜在买家不知道商业秘密,就不知道该付多少钱,而一旦知道了商业秘密,他们就完全失去了支付意愿。

由于阿罗信息悖论,商业秘密价值的实现,只能是通过"物化"知识产品来间接实现。凭借这些商业秘密,知识创造者在市场中获得一定的竞争优势,比如能够以更低的成本生产某种产品(过程创新),或者能够以相同的成本生产更好的产品(产品创新)。

商业秘密的可占有性,即创新者要通过商业秘密获得收益,主要是靠保密来实现的,知道的人越少越好。也就是说,要避免技术泄露或他人模仿,创新者必须将创新知识保留为他人无法或难以共享的私人知识。

考虑到师徒之间的潜在竞争,绝活传承中不但有"教会徒弟,饿死师傅"的说法,也有师傅教徒弟"留一手"的做法。师傅延迟或拒绝传授秘密,不但会增加秘密失传的风险,也会降低"青出于蓝"的可能。

例如,据陈寿《三国志·华佗传》记载:"佗临死,出一卷书与狱吏,曰:'此可以活人。'吏畏法不受,佗亦不强,索火烧之。"意思是说,华佗临死之前拿出一卷书给狱卒,说这本书里面的医术可以治病救人。狱卒害怕触犯法律不敢接受,华佗也不勉强,将那卷书付之一炬。

华佗死后,他所精通的各种医术绝活,如麻沸散等都随之失传。这常令后人唏嘘不已,但唏嘘之余,我们不禁要问:华佗为何不早点将其授予他人呢?实际上,华佗的确有不少天资聪慧的弟子,如广陵吴普、彭城樊阿都曾拜华佗为师,但由

《三国志·华佗传》或可推断，他们并未得华佗倾囊相授，而只是精于某个方面，如针灸之术或养生之道，比起华佗之全能，则相差甚远。

在商业秘密保护下，知识交易很难解决阿罗信息悖论的问题，这对技术的"市场化"和"产业化"有至关重要的影响。

为了避免秘密被泄露给外人，掌握秘密的人一般只会在自己的家族内部选择继承人，在商业运营方面也不敢扩大规模。开太多的"分舵"，必然意味着要雇佣家族成员以外的职业经理人，而这样必然会增加秘密泄露的风险。

2. 优先权（priority）

优先权主要牵涉到自然科学。许多以个人名字命名的数学和自然科学定理，都是对于学术优先权的认可，比如阿基米德定律、毕达哥拉斯定理、哥德尔定理、黎曼积分，等等。

科学界基本的报酬原则是，原创者"赢者通吃"，所以通常只有第一个发现者能够荣膺各种奖项。这导致了所谓的优先权竞赛（priority race）。尽管社会只关注某个问题能否被解决，但每个参与优先权竞赛者更关心的是自己能否成为第一个发现解决方案的人。这种竞赛意味着市场有可能导致"过度"的研发激励。同时，这也会导致人们关于优先权的诸多争议。科学史上有一些著名的例子，如牛顿和胡克关于万有引力的争议、牛顿和莱布尼茨关于微积分的争议、达尔文和华莱士关于进化论的争议，等等。

屠呦呦凭借青蒿素获得诺贝尔奖，大大涨了中国人的志气，但这是一个迟到的奖励，之前青蒿素已经挽救了数以百万计的生命。以前没有获奖的原因就是没法确定青蒿素发现的优先权，

再论知识的对错、高下与定价

一旦这个优先权问题得到解决（不论是否完美），诺奖水到渠成。实际上，在此之前，中国人还有一个理应获得诺奖的科学成果——结晶牛胰岛素，但最终并没有获奖的原因正是无法解决优先权问题。一项诺奖最多只能同时授予三个人，这与当时中国奉行的"集体成果结晶"的优先权认可方式并不兼容。

赢得优先权竞赛的人，除了能获得巨大的物质报酬，更重要的是能够获得巨大的学术声望。学术声望增加，意味着身价增加。所以，在这种情况下，知识定价主要是通过学者"身价"的提高而实现的。在此之前，参与竞赛的人也不能不食人间烟火，必然需要各种资金支持。

在欧洲历史上，优先权竞赛与贵族之间的相互炫耀密切相关。一些有钱的贵族通常资助许多门客，这些门客相互竞赛去求解一些高深的学术问题，哪个贵族的门客赢得竞赛，哪个贵族自然就脸上有光。

比如，著名的伯努利兄弟就曾经受到王公贵族洛必达的资助。大家所熟知的洛必达法则，实际上是约翰·伯努利的学术成果，但被洛必达署名出书了；约翰因为"拿人家手短、吃人家嘴软"，碍于面子，在洛必达生前并没有将此揭穿。等到洛必达死后，约翰才将真相说出来，但欧洲的贵族们认为那是公平的物物交换。所以，我们现在求极限时用到的那个法则，叫作洛必达法则而不是伯努利法则。顺便说一下，伯努利家族是一个超牛的学术世家，三代之内出了八位科学家，其中最出名的是丹尼尔、约翰和雅各布。

现行体制下的情况也差不多，只不过学者们从事学术研究的资助者从贵族变成了大学或者研究机构。比如，著名的普林斯顿高等研究所，提供优厚的待遇，养着一帮"有闲阶级"，整天思考一些"自由而无用"的问题。

3. 专利（patent）

"Patent"从语义学上有两层含义，一是公开信，二是垄断。"Patent"的中文翻译只强调了其原意中垄断的部分，而忽视了公开信的部分，从这一点上说，"专利"不是对"patent"的完美翻译。公开信和垄断，这两个属性对于理解专利的内涵至关重要，因为这两者是知识交易合约中一体两面的内容，分别代表了权利和义务，相互依存，不可分割。

专利是一种"法定权利"，在本质上是政府与创新者之间签订的一种"机密交换契约"。根据这个契约，专利权人的义务，也对应于政府的权力，是专利权人必须公开披露自己的私有知识，让市场上同行业中具有平均技能的竞争者能够根据所披露的知识复制出专利产品，这是专利申请中所谓的赋能要求。

反过来，专利权人的权利，也对应于政府的义务，就是政府要通过司法手段，保障专利权人在一定时间内对于已经公开的专利技术具有排他性权利，即在一定时间内，其他竞争者虽然可以根据披露的知识复制出专利产品，但由于法律限制，如果没有征得专利权人许可，他们也并不能在市场中生产和销售。

考虑到创新者总是可以将自己的私有知识保留为商业秘密，因为只有当专利收益高于商业秘密收益时，他们才愿意将商业秘密公开披露并申请专利。这就出现了一种最终对社会可能有益的"逆向选择"。

从创新者的角度看，专利和商业秘密在保护知识的独占性上各有利弊。商业秘密的保护没有期限（如可口可乐的秘方现在仍然有效),但不排斥独立发现。也就是说,如果有人没有通过间谍行为,而是独立发现了可口可乐的配方,可口可乐公司并不能阻止这个人也生产和销售这种可乐。而专利保护虽然是具有排他性的,但同时也具有时间限制。这样一来,如果一项创新技术是很容易被竞争者通过"反向工程"破解的,那么该创新者就会申请专利保护。从静态的观点看,这好像意味着社会对于这些创新成果"过度"补偿了。但从动态的观点看,如果没有专利保护,创新者事前可能会预料到这些创新成果太容易被模仿,进而不愿意进行这类创新投资了。这就是所谓的"颠倒原理"。

需要明确的是,专利保护并没有完美地解决阿罗提出的第二个问题。因为在事后,即创新知识已经创造出来之后,并没有按照边际成本定价,而是采取了垄断定价。

4. 奖励(award)

还有一种极其古老也非常普遍的知识定价方式,即奖励。奖励本身又分为事前悬赏和事后奖赏两种。

许多创新成果是事前无法预知的,只有在创新者做出巨大贡献之后,人们才知道其重要性,进而对其进行奖励。诺贝尔奖一般都是这样。这种奖励,既是对创新者学术地位的认可,也包含丰厚的物质奖赏。

事前悬赏则通常是社会碰到了具有某种明确需求的难题,进而对能够解决这个难题的人给予一定数额的奖励。现在的很多攻关项目就具有这样的性质。不过,最生动的例子或许要数航海定位仪的制作。

十八世纪,英国航海者遇到的一个很棘手的问题是如何在茫茫大海上准确定位。当时,水手们已经能够很容易测量船只所在的纬度,对于如何精确测量经度却束手无策,这导致许多航船经常因为定位错误而触礁发生海难。

为了解决这个难题,英国政府于 1714 年专门设立了"经度奖",悬赏两万英镑(相当于今天的几百万英镑)给能找到准确测量经度方法的人。在此激励下,一个名叫约翰·哈里森的英国钟表匠,用他制作的经线仪解决了这个困扰欧洲航海界和科学界多年的难题。

什么是最佳的知识补偿方式?

商业秘密是市场机制自发的知识定价方式,其有效性来自私密性,其挑战来自阿罗信息悖论。不过,面对阿罗信息悖论,市场并非束手无策,而是衍生了许多解决办法。最直接的一种方式是部分披露(partial disclosure)。知识产品的提供者向潜在买家披露部分内容,这样,潜在买家可以根据这些部分披露的内容来推断那些没有被披露的内容的价值。现在的线上付费课程基本上就是采取这种模式。

奖励似乎最好地解决了知识产品在创造和应用上的两难问题。首先,政府估计创新所能够产生的社会价值,并基于此制定奖励额度;然后,解决难题的人拿到奖金,其解决方案也会被公开披露,人人皆可免费使用。奖励机制看上去很美,但实际上其有效运行依赖于许多非常不牢固的假设:

第一,政府能够对创新的社会价值进行准确的估计,但这几乎是一个不可能的事情。现代经济学的一大难题就是如何加总私人偏好形成社会偏好。

第二,我们认为政府没有道德风险,即不会耍赖,但实际上并非如此。在"经度奖"的例子中,哈里森花费了几十年的努力,终于解决了航海过程中精确定位经度的问题,由科学家组成的经度委员会却以缺乏理论创新而对他屡加刁难,以至于哈里森直到1773年,在他80岁高龄时,才获得全部奖金,而就在拿到奖金3年后,哈里森就去世了。政府的道德风险的另一种可能性是,设立奖项的委员会可能会对某些并不那么重要的问题设立大奖,进而实现以公谋私的目的。

第三,对于特定的题目进行奖励,并不一定是社会的共识。设想,现在国家设立一个奖项,对于能够提高比特币挖矿效率的人进行奖励(剩余的比特币数量是确定的),有些人可能就会反对,认为这并不符合社会的需求。

专利制度通常被认为是人类社会创造的最重要的鼓励创新的制度。专利作为一种法定权利,人为地创造了垄断以及与垄断所对应的定价扭曲,但这种垄断又被认为是鼓励创新的"必要之恶"。

与奖励制度相比,专利制度是一种信息要求很低的知识补偿机制。一项专利产品,其创新者能从中获得多少利益,以及从哪些人处获得利益,都是由市场决定的。也就是说,只有当专利产品符合市场需求时,创新者才能获得利益,而为此买单的人正是那些需求得到满足的人,这是非常公平的买卖。

私密性是商业秘密的基础,因而在商业秘密模式下,必然存在技术可占有性与市场拓展之间的固有矛盾。为了保障知识独占性,商业秘密的占有者就不愿意通过雇佣"外人"来拓展市场,进而导致产业发展中"以小为美"的"内卷"特性。与之相比，专利制度下创新知识的可占有性是通过法律保障的。专利作为一种无形资产，其市场价值与市场范围成正比，故专利制度非常有利于促进技术和市场的结合，进而导致产业发展中"以大为先"的"张扬"特性。

此外，与商业秘密相比，专利制度鼓励私有知识公开披露为公共知识，不但使创新知识更加容易积累，使其不会随着创新者的死亡而消失，更是提高了整个社会的创新效率。

正是从这两个角度，我们认为知识产品的定价方式从商业秘密到专利制度的转换，是导致东西方文明的发展自近代以来大分流的重要原因，进而也解释了李约瑟之谜。

事后的奖励，往往伴随着一流知识的"免费"，但这并不意味着知识本身是免费的。实际上，这只不过是将知识的定价问题转化为知识创造者的定价问题了。

之所以将知识公开，是因为只有经过严格同行评议和认可的一流知识，才是真正的一流知识。所以，这里的"免费"，是一流知识定价的手段，但顺便也消除了一流知识在传播中的垄断定价扭曲。

知识的生产和使用，不但牵涉事前激励和事后垄断的两难，还有一个风险分担的问题。从预期角度看，事后奖励的确可以起到鼓励创造的作用，但没有很好地分散知识创造者的风险。许多一流学者，为了解决某个难题，穷其一生，却最终没有得到结果。但需要指出，即便在这种情况下，从预期收益的角度看，一流知识永不免费的结论并没有改变。所以，如果只有事后奖励，会极大地打击人们从事知识创造的积极性。这时候，知识创造者的固定薪酬就起到了保险的作用。越是优秀的学者，越是应该得到更高的固定薪酬。

做一个简单的总结，对于面向市场化的知识创造，市场需求越明确，越应该采取奖励定价；市场需求越不明确，越应该采取专利定价。对于距离市场化比较远的知识创造，知识难以通过市场的货币选票来定价，因而只能通过同行评议来定价，而要做到这一点，创新知识就必须公开、"免费"，这样才能得到客观公允的评价。既然知识本身公开，对于知识的定价就最终转化为对知识创新者的定价。这时候，市场已经给出来的答案是两部定价（two-part tariff）：基本的固定薪酬，起到了保险或者分散风险的作用；与知识创造相关的事后奖励，起到了激励或者鼓励创造的作用。

2018 年 2 月 18 日

知识定价中的产品思维与平台思维

根据之前的文章,大家已经熟悉了互联网平台为何物,对于某种交易,市场中有许多潜在买家和潜在卖家,平台的作用就在于撮合买家和卖家达成交易。

关于平台的价值,通常的说法是,平台连接的买家和卖家的数量越多,平台价值越高。这背后是所谓的梅特卡夫定律(网络价值与用户数的平方成正比)及双边网络外部性,移动出行是已分析过的最典型的例子。

但是,这种解释不能简单地移植到知识付费领域,其中的主要原因是交易标的有很大差别。简言之,打车服务是一种搜寻品(search good),而知识产品是一种体验品甚至信任品。这三种产品①的差别,最好是从信息不对称的角度进行阐释。

搜寻品是指消费者只要看到这种产品,就知道它的质量;体验品是指消费者在消费前不知道这种产品的质量,但消费之后就知道了;信任品是指消费者在消费前后都无法判断这种产品的质量。

一旦认识到知识产品(尤其是线性进程的音频产品)是体验品甚至信任品,我们就会发现,移动出行平台中的双边网络

---

① 为表述简洁,这里提到的产品都指产品或者服务。

外部性并不能完全用于知识付费平台。主要原因是消费者购买知识产品,不但需要付出货币成本,更重要的是还得支付不菲的体验成本(主要是时间成本)。

对消费者来说,最不愿意得到的结果是花钱买了某个音频产品,听了半天,却发现里面讲的全是些无用的"鸡汤",或者全是些正确的废话。所以,撮合知识产品交易的互联网平台真要拥有高效率,就必须具有筛选的功能,或者说需要展现平台的眼光,在消费者中构建这样的名声——只要是我平台认可的产品,都是货真价实、物有所值的产品。

对此,有一个充分的例证。随着互联网的普及,知识的公开发布已经不再是难题。最初,有些人认为这会替代学术杂志,因为他们以为学术杂志的主要功能就是将学术知识"铅字化",但事实证明,其言何其谬也。

以前,排版成本非常高,个人很难靠一己之力出版作品;而出版社因为出版很多书,可以摊销固定成本,因而有很强的规模经济。现在,随着网络的发展,各种排版形式的作品都有其可展示的平台;在此意义上,杂志将知识"铅字化"的功能就变得非常不重要。但现实表明,好杂志在学界的作用没有减弱,反而变得更强。为何?因为信息筛选!

如果说以前人们面临的问题是"无书可读",那么,现在人们面临的问题则是"信息爆炸"。给定时间有限,如何才能在浩如烟海的信息中获取最有价值的信息?

做过研究的人都知道,许多学术文章看起来很高深,用了不少花里胡哨的技术,很有派头,但真正花时间看懂之后,会发现里面并无什么有价值的内容,有的甚至是错的。面对这种情况，读者自然有一种"吃苍蝇"的感觉。因此，就在信息爆炸时代，好杂志变得日益"赢者通吃"，最根本的原因就是为读者提供了筛选、背书和认证的功能。这样就能让读者把宝贵的时间花在真正值得的地方，即所谓的好钢用在刀刃上。

所以，一个撮合知识产品交易的互联网平台，只要其定位不是一个人人想唱就唱的娱乐平台，就必须认清楚自己在本质上是个互联网讲台。三尺讲台，能者上、庸者下，不在多、贵在精。简言之，"精益求精"的产品思维一定优于"狗吃牛屎——图多"的平台思维。互联网时代，一个好产品，一定优于十个甚至一百个平庸产品。

接下来的问题，就是如何做精品。做精品的核心，一是选对人，二是设定好的激励机制。选人，取决于眼光，至关重要，但又毋庸多言，历史上正反案例甚多，如三国时孙权重用书生陆逊而夷陵破蜀、孔明重用"嘴炮"马谡而痛失街亭，等等。下面着重谈谈合约形式背后的激励问题。此处所谓的激励问题，既有逆向选择（adverse selection），也有道德风险（moral hazard）。

现实生活中的合约，一般不会签得非常复杂，基本上用两部定价就足以解决问题。现实中当然还存在一些更加复杂的非线性定价机制，但契约理论分析表明，任何非线性定价原则上都可以用许多两部定价来逐步逼近。

买卖双方交易，两部定价的合约形式为：$T=A+pQ$，其中 T 为买方支付给卖方的总费用，A 为固定费，Q 为交易量，p 为单位交易价格。$A>0$，表示买方为从卖方购买产品需要支付的"资格费"。但原则上，$A<0$ 也是可以的，比如，商户为入住万达广

场所支付的通道费（slotting allowance）就是这种情况。

几种常见组合：

（1）$A>0$，$p=0$；这是"自助餐"定价模式，在知识产品定价中，这对应于买断。

（2）$A=0$，$p>0$；这是最常见的线性定价模式，在知识产品定价中，这对应于简单分成。

（3）$A>0$，$p>0$；这是前两种定价模式的混合，在知识产品定价中，这对应于既有保底、又有分成的混合模式。

很容易理解，两部定价中，固定费 A 起的是保险作用，分成部分 p 起的是激励作用。由此，可以讨论买断制、分成制与混合制三种合约背后的逆向选择和道德风险问题。

买断制

买断制下 $A>0$，$p=0$。这是一种典型的"弱激励合同"（low-powered contract），因为卖方收益与后续的 Q 无关。这导致的结果是：

（1）卖方对自己的产品评价越低，越愿意接受这个合同，此为逆向选择，结果是劣币驱逐良币。

（2）卖方后续收益与 Q 无关，但注意到 Q 的量取决于卖方的努力，而努力成本由卖方独家承担，故卖方有积极性偷懒，此为道德风险，结果是出工不出力，产品质量难以保证。

分成制

分成制下 $A=0$，$p>0$。这是一种典型的"强激励合同"

（high powered contract）。p 越大，卖方激励越强（做好产品）；反之，p 越小，买方激励越强（平台促销激励）。

在完全信息下，这种合约是一种最优合约，卖方（制作者）和买方（平台）分别按照自己的贡献得到相应分成。但在非对称信息世界中，这种合约的最大问题是买方的道德风险。尤其是给定平台注意力资源稀缺，而平台产品鱼龙混杂，平台难以做出可信承诺（credible commitment），会给予产品以合理的注意力资源，这使得卖方承担过度的风险。

混合制

混合制是上述两种方式的结合，效果上也是上述两种方式的结合，既有保险功能，又兼顾激励功能。

值得一提的是，如果平台产品数量比较少，每一种产品获得充分可见度本来就符合平台的事后激励，固定费的承诺功能就下降了。正因如此，站在平台的角度，给定注意力资源稀缺，产品并非越多越好。一个好的办法是分类，在"平台严选"部分，产品数量少，每个都是精品，代表了平台眼光，以质取胜；而在"自嗨部分"，平台可以除了进行常规的政策审查，允许人人皆可发声，借助于类似用户点评打分的方式，搭建平台，让市场自己玩，平台获取人气，收点流量费即可。

最后，简单讨论一下知识平台的定位问题。任何公司，做产品都必然面临一个选择，到底是迎合市场还是引领市场？尽管在现实生活中，每个公司肯定是希望两者兼顾，但本质上仍然存在孰轻孰重的问题。就知识产品而言，此问题尤为重要。这牵涉到之前已经讨论过的关于知识定价的三个难题。

第一是阿罗信息悖论。在此情形下，知识产品类似于一种商业秘密，是一种体验品，不存在用户看不懂、理解不了的问题。但对于商业秘密，消费者要知道自己愿意出多少价格，就必须先知道知识产品的内容；可一旦消费者已知知识产品的内容，他们就没有积极性购买了。现实的解决办法是部分披露，比如音频课程中的"试听三分钟"。

第二是认知不对称。在此情形下，知识产品介于体验品和信任品之间，消费者不是完全不懂，也不能完全懂。

一旦消费者无法知道知识产品的优劣，专家的认证和平台的筛选就变得至关重要。正因为多数知识产品都具有此类性质，平台的双边网络外部性受到很大的制约；也正因如此，对平台而言，知识产品并非越多越好。

第三是私人价值和社会价值不对称，事前激励和事后奖励不对称。简言之，知识产品的创造成本很高，但复制成本很低。

所以，从事前角度看，为了让人们有积极性创造知识，知识产品定价必须为正；但从事后角度看，既然知识产品已经被创造出来，就应该免费共享才符合社会资源的最优配置，这牵涉到公共政策问题，此处不多谈。

对于平台企业而言，关键是前两点。如果知识产品定价更多地面临第一类问题，则企业策略主要应该是迎合市场，这时候平台思维占优；如果知识产品定价更多地面临第二类问题，则企业策略主要应该是引领市场，这时候产品思维占优。简言之，秉承平台思维的企业，其目的是迎合市场；而秉承产品思维的企业，其目的是引领市场。

2018 年 4 月 3 日

高校的慕课竞争

在传统情况下,每所高校的教学资源在很大程度上是一种"俱乐部公共品"(club public good),即对在校师生而言,这些资源既没有非排他性,也没有非竞争性。非排他性的含义是,师生们可以自由地去图书馆看书、借书,去听各种讲座,也可以选修各种心仪的课程;非竞争性的含义是,多一个人使用图书馆、多一个人听讲座、多一个人选课,都不怎么增加高校提供这些服务的运营成本。而"俱乐部"的性质则意味着,上述资源并非向全社会开放,而只是针对以在校师生为主的特定人群。

清代诗人龚自珍有句诗,"科以人重科益重,人以科传人可知";倘若将高校理解为"科",这句诗就很精辟地阐释了高校声誉与师生声誉之间的互动关系。一所高校,正是因为有了名师、有了很多著名校友,它才具有了很高的社会声誉;同时,一个初出茅庐的学生,即使默默无闻,但如果毕业于一所著名高校,则其在劳动力市场上会拥有一定的竞争优势。

由此可见,高校不光具有通过生产和传播知识来提高"人力资本"的作用,还会起到向劳动力市场发送信号的作用。正因为高校兼具这两种功能,人们大都希望进入一流高校,以便享受它所提供的优质的"俱乐部公共品"。

但正如加入俱乐部需要缴纳会费一样,进入高校读书,不但要通过必要的智力水平测试,还要有能力支付学费;越好的高校,不但越有可能吸引到高素质学生,而且越有能力征收更高的学费。

在传统的教育体系下,不同的高校有不同的社会声誉,但这种声誉往往是通过专业的学术杂志表现出来的,远远超越了多数普通家长或者学生的认知水平;他们对于高校声誉的认知往往是道听途说的,有可能是不准确的。比如,在高考填志愿时,他们可能会依据某些言过其实的虚假宣传,或者某些具有严重误导性的高校排行榜,没办法将一些其实差异很大的学校准确区分开来。对于真正一流的高校而言,这种"信息混同"至少会产生两个方面的不利影响,一是没办法招到最好的学生,二是会拉低人们对于它的支付意愿。

面对上述问题,一流高校有积极性向社会发送信号展示它是一流的,并将自己与其他高校区分开来。在互联网时代,慕课,即大规模线上公开课(Massive Online Open Course,Mooc)恰好为一流高校提供了一种切实可行的信号传递机制。借助慕课,学生或家长不用真的进入校园也可以对某所高校的教学质量和教师水平有切身的体会和感受,从而判断哪些高校是一流的。

进一步来说,被认为是一流的高校就能因此获得更高的"租金"。这种"租金"最简单的理解就是学费,因为学生或者家长知道,进入更好的学校读书,未来的前景通常会更光明。实际上,即便学费因为受政府规制而无法提高,这种"租金"也会通过其他方式而间接体现出来。比如,给定学费,越一流的高校，高考的录取分数线越高；录取分数线越高，招收的学生通常越优秀；而现在的学生越优秀，就意味着未来的校友资源和校友捐助越多。

既然显示自己是一流高校有诸多好处，则很容易理解，要实现一流高校提供慕课而一般高校不提供慕课的"分离均衡"（separating equilibrium），则必须满足所谓的"激励相容"（incentive compatibility）——即使一般高校可以模仿一流高校提供慕课，但这样做对它们其实是得不偿失的。激励相容的关键是一流高校多提供一门慕课的"边际成本"必须低于一般高校。由此，随着一流高校提供慕课数量的增加，一般高校的模仿成本也会增加；一旦一流高校提供的慕课数量超过某个门槛值，一般高校就会因为模仿成本太高而放弃模仿，即冒充一流高校的好处已无法弥补模仿成本。所以，一流高校将自己与一般高校区分开的最小成本就是提供与这个门槛值恰好相等的慕课数量。给定分离均衡，学生或家长看到某高校提供慕课，即可推断这所高校更有可能是一流高校。

慕课作为一种信号传递机制，好处是可以帮助人们区分一流高校和一般高校；但也正因如此，它会进一步拉开高校之间的差距。

最后，需要补充说明的是，本文的理论逻辑与现实的经验观察是基本符合的，例如哈佛大学、麻省理工学院（MIT）、加利福尼亚大学伯克利分校等这些世界级名校不但最先开始提供慕课，而且它们提供慕课的数量也是相对更多的。

2019年6月9日

教师的慕课竞争

我们之前讨论了高校的慕课竞争,认为一流高校更倾向于提供慕课,因为这可以向社会传递它是一流高校的信息。考虑到高校提供的慕课最终都是由高校教师承担和完成的,本文就来讨论哪些高校教师更愿意提供慕课。具体而言,高校教师提供慕课有哪些收益、有哪些成本?换句话说,不提供慕课会对他们造成什么样的影响?

我们暂且忽略高校教师之间的策略竞争,并主要从慕课成本的角度,考虑一个"代表性"教师的慕课选择。很多人可能认为,慕课的成本就是课程的录制和数字化成本,以及后续的维护成本,但实际上,对提供慕课的高校教师而言,更大的成本是由此造成的"自我替代"和需要不断创新的压力。

授课在本质上是师生之间的"传道受业解惑",而要避免授课内容变成学生们非常讨厌的陈词滥调,教师必须做到差异化——要么在授课对象不变时,改变课程内容;要么课程内容不变,授课对象发生改变;要么课程内容和授课对象同时发生变化。

在前慕课时代,授课是教师在特定时间、特定空间向特定对象提供的服务,也可以将其视为教师向学生提供的没法储存的易耗品（perishable goods）。正因如此，针对特定的课程，教师只要好好备一次课，即可"一劳永逸"，因为即便上课内容保持不变，每一届学生却是常换常新的，同样的笑话，只要笑点不变，换了听的人也能达到相同的效果。

而慕课极大地改变了授课的性质。一旦课程变成了慕课，授课就不再是一次性的服务或者无法储存的易耗品，而是数字化的、可以储存并低成本传播的耐用品。

根据诺贝尔经济学奖获得者罗纳德·科斯的分析，与易耗品相比，耐用品有一个显著的"跨期替代"问题，耐用品一旦售出，就会在二手品市场上再提供，进而会制约耐用品垄断者的市场力量。电脑软件是一个很好的例子。一旦软件以光盘的形式卖出，购买者不但不会再次购买，而且还有可能将其复制给其他人，这两种效应都意味着，今天出售的耐用品会对明天的销售构成制约。

类似地，一旦高校教师将自己的课程变成慕课，这种数字化的耐用品就可以长久地、独立地存在于市场之中，由此带来的一个结果是，尽管高校教师只是针对其所在学校的某一届学生录制了慕课，但从原则上讲，未来的学生都可以提前看到相关的慕课内容。这就意味着，在慕课时代，教师授课要实现差异化就必须向陈寅恪先生看齐：别人讲过的不讲，否则会被认为是"拾人牙慧"；自己讲过的不讲，否则会被认为是"陈词滥调"。很显然，提供慕课的教师必须不断创新才能实现上述差异化要求，要么不断地更新内容，要么不断地开发新课程。

根据上面的分析，某个教师参与慕课所产生的自我替代效应越弱，他将越愿意开发慕课。由此至少可以得到两个推论：

一是那些授课内容与现实紧密相关的教师具有较强的慕课动机，因为他们可以随时根据丰富多彩的现实案例来更新课程内容，慕课对他们的授课实际上并不会产生太大的更新压力；二是即将退休的教师具有较强的慕课动机，因为一旦退休，他们就不用上课，自然也就没有更新课程的压力了。

需要补充说明的是，那些从事前沿研究的教师是否更愿意参与慕课并没有确定性的结论：一方面，因为从事前沿研究，他们能够根据自己的研究成果随时更新课程内容，即慕课产生的自我替代效应更弱；但另一方面，正因为他们具有很强的科研能力，故与其他教师相比，将时间花在录制慕课上，意味着他们用在科研上的精力减少了，即他们录制慕课的机会成本更高。

接下来，我们以"代表性"教师的分析作为基准，说明引入高校教师之间的慕课竞争会增强他们的慕课激励。

按照上面的分析，如果不考虑策略性互动，许多教师可能会因为自我替代效应而不愿意参与慕课，但引入同行竞争会产生一个"抢生意"效应，这时候制作慕课不光会自我替代，还会替代别人，或者说防止被别人替代。

在传统授课方式下，同一门课程有很多授课老师，而不同的班级好像是相互分割的地方市场，尽管不同教师的授课质量有高有低，但相互之间基本上井水不犯河水，并不存在直接的竞争关系。比如，即便老师 A 的学生知道老师 B 上课更加充实有趣，他们也没有办法"弃暗投明"。但在慕课时代，情况发生了很大的变化。通过慕课，好老师有可能会吸引到本来属于其他老师的学生，而课程内容越标准化，这种"抢生意"效应就越明显。

慕课对标准化课程会产生何种影响，是一个特别值得探讨的问题。以高等数学为例，在很多学校，这门课程所采用的教材以及所涵盖的内容都大同小异，因而在原则上可以出现这样的情况：首先，一位学识和授课水平"双高"的名师制作了一门高等数学的慕课；然后，本来分别由许多高数老师分班授课的成千上万的学生，现在都可以共同选修这位名师的慕课。至于原来分班授课的众多其他高数老师，要么失业、要么改行、要么只能充当这门慕课的习题课老师了。

2019 年 6 月 10 日

慕课如何影响社会公平？

在传统情形下，空间距离、交通成本及户口制度是影响教育资源均等化的重要因素，但依托于互联网，慕课使教育的"可及性"有了极大的提高。它可以跨地区传播，也可以突破城乡壁垒，让那些身处偏远地区的学生也有可能获得更多的教育机会，而教育机会的相对均等化，最终会降低城乡之间和地区之间的收入不平等程度。在此意义上，慕课是消除"组间"收入不平等的利器。但与此同时，慕课也会加深"组内"不平等程度。我们通过三个例子进行说明：

首先，之前的分析表明，慕课为一流高校提供了一种额外的信号传递机制，因而慕课竞争也会进一步拉开高校之间的差距，即增加了高等教育体系内部的差距。

其次，之前的分析也表明，慕课有可能让少数教师成为"赢者通吃"的"超级明星"，并加剧教师群体内部的收入不公平（对标准化课程尤其如此）。

最后，我们说明慕课在减弱城乡差距的同时，也会拉开农村学生的内部差距。农村学生是否可以通过教育改变命运，一是看其是否有机会获得好的教育；二是看其是否有能力充分利用好的教育机会。这两点缺一不可。如果农村学生都没有机会接受好的教育，即便不同学生内禀的学习能力存在很大差异，他们可能最终也都只能从事那些收入水平差别不大的低技能工作。然而，一旦慕课为他们提供了前所未有的教育机会，那些内禀的学习能力高的学生就会脱颖而出成为高收入的高技能劳动者。

2019 年 6 月 11 日

对未来经济的看法

中国经济增长的斯芬克斯之谜

2003年,一个丢掉政权的东欧政党代表团到复旦访问。在众多机构中,他们选中了我当时留校所在的教育部百所重点基地之一——复旦大学中国社会主义市场经济研究中心。他们之所以选中我们中心,当然不是因为它有一个长达十八个字的名称,而是因为我们中心的名字同时包括了"社会主义"和"市场经济"。在他们看来,将"社会主义"与"市场经济"这两个词合二为一,犹如"冰与火之歌",是匪夷所思的。

按照经典马克思主义,生产力决定生产关系,经济基础决定上层建筑,由此每个社会都必然会形成一个自洽的政治经济结构。就传统的计划体制来说,经济基础是高度集中的计划经济,上层建筑是高度集中的无产阶级专政;就欧美的市场体制来说,经济基础是多元化的市场经济,上层建筑是多元化的三权分立或代议制民主。

所以,从马克思主义的基本理论出发,他们不禁疑惑:一个多元化的市场经济的经济基础,何以支撑一个高度集中的社会主义的上层建筑呢?东欧剧变和苏联解体使很多人坚信,在政治经济体制的跨国竞争中,整个世界都必然会以美欧体制的全面获胜而告终。这种思潮的顶点,是弗朗西斯·福山奠定其在西方政治学界江湖地位的经典名著《历史的终结与最后的人》（*The End of History and the Last Man*）。在这本书中，福山宣称西方的民主是历史的终结形式，其他制度形式最终都会被这种体制所替代。这么多年过去，当时来访的东欧代表团的理论疑惑依然存在，并时常被人提起。

但更令人疑惑的是，中国这种与众不同的、看似自相矛盾的社会主义市场经济体制，不但没有因为人们的理论疑惑而崩溃，反而给中国带来了史无前例的高速经济增长。对于这个谜团，如果一定要冠以某种具有神秘气息的称呼，窃以为最合适的表达就是中国经济增长的"斯芬克斯之谜"，因为社会主义与市场经济组合，犹如斯芬克斯的狮身人面组合。

类似地，张五常先生在《中国的经济制度》一书中用了一个生动有趣又令人深思的比喻：中国经济就像一个跳法不合常规的跳高运动员以怪异的姿势屡创佳绩。沿着这个比喻继续推演，评论跳高运动员姿势怪异、不合常规是一回事，而探讨他为何能以怪异的姿势屡创佳绩则是另一回事，而且似乎是更重要的一回事。

一如神话中的斯芬克斯之谜，中国经济增长的斯芬克斯之谜的谜底也是"人"，不过这里的"人"特指企业家，而且这里的企业家可以泛指任何勇于打破常规、谋取超额收益的人：敢于打破政治常规、谋取超额收益者是政治企业家，例如改革开放的总设计师邓小平同志；敢于打破经济常规、谋取超额收益者是经济企业家，例如苹果的乔布斯、华为的任正非、阿里巴巴的马云等；敢于打破学术常规、谋取超额收益者是学术企业家，例如提出相对论的爱因斯坦；敢于打破军事常规、谋取超额收益者是军事企业家,例如反守为攻、千里突袭的大汉冠军侯霍去病。

对于破解中国经济增长的斯芬克斯之谜,有两类企业家是至关重要的,即政治企业家和经济企业家。我们可以从两个层面来认识他们的差异:

就目标而言,经济企业家主要关心的是经济利益,而政治企业家不但关心经济利益,还看重与职位晋升所关联的政治利益。

就手段而言,经济企业家只能动用他们的私人资源,而政治企业家则可以动用包括税收减免、土地批租、基建投资等在内的各种公共权力。

当然,上述区分并不是泾渭分明的,当一个企业做得很大了,其一举一动都会对整个社会造成很大影响,这时候就很难说其创立者还是纯粹的经济企业家了。而改革开放以来中国经济的高速增长主要得益于政治企业家与经济企业家之间相辅相成、相互成就的良性互动。

与欧美相比,政治企业家在中国经济高速发展的过程中尤其发挥了非同寻常的关键作用。借助政治上的高度集权和富有中国特色的干部任免体系,中央政府给地方政府(官员)设立了以"GDP锦标赛"为核心的干部绩效考核体制,即那些GDP表现相对更好的地方,其地方官员获得政治晋升的概率更大。这为政治企业家发展经济提供了强有力的政治经济激励。同时,经济上高度的市场分权让各种微观主体获得了前所未有的决策自由度,进而给经济企业家的自由发挥提供了广阔的舞台。

以欧美体制为比较基准,讨论中国经济增长的斯芬克斯之谜的要点在于探讨政治企业家到底为中国经济发展提供了哪些特别重要的、同时又是纯粹的经济企业家难以有效提供的功能。我们认为，给定产业发展是经济增长的基础，则"招商引资"是理解政治企业家功能的核心所在。

首先需要明确，招商引资对于地方官员的政治晋升的确非常重要。某个地方若能吸引到更多的企业，特别是具有巨大产业带动作用的关键企业，那么与其他地方相比，该地方就会有相对更好的 GDP 业绩，进而该地方的官员就会在 GDP 锦标赛中赢得先机。

但不管是外国直接投资（FDI）企业还是民营企业，招商的主要目标都是获得更高的市场利润。考虑到企业收益不但取决于私人投资，还取决于其所在地方软硬两个方面的公共品的提供水平。所以任何地方要在招商引资的竞争中取胜，就必须为招商对象提供更好的营商环境，比如消除各种制度障碍，改善基础设施，等等。

下面，我们着重讨论"一把手项目"和基础设施建设在招商引资中的关键作用。

先看"一把手项目"的重要性。已有文献主要是从外部性的角度论证政府干预的合理性的。其基本逻辑是由于各种外部性，市场运行不是最有效率的，因而可能需要政府干预来解决或缓解市场失灵问题。

对于相对"成熟"的市场体制而言，这种教科书式的逻辑推理大概没有太大问题，但对于分析后发国家的产业发展却值得商榷。因为对后发国家而言，最大的问题并不是市场失灵，而是"市场缺失"，即缺乏产业发展得以进行的企业载体。换句话说，对后发国家而言，产业发展主要不是企业从少到多的"边际变化"，而是企业从无到有的"超边际变化"。

在后发国家开设新企业会面临各种难以预料的制度障碍，而在计划体制向市场体制转轨的过程中，这又集中体现为无数官员设租和勒索而导致的"反公共地悲剧"（the tragedy of the anti-commons）。

人们通常对"公共地悲剧"（the tragedy of the commons）比较熟悉，它指的是如果太多人都自由使用某种资源，这种资源最终就会被过度开发。过度捕捞、过度放牧、过度污染都是典型的例子。

如果说"公共地悲剧"刻画了"进入权"被滥用的情况，"反公共地悲剧"则刻画了"排斥权"被滥用的情况，即如果太多人都有权阻止别人使用某种资源，最终就会导致这种资源的开发严重不足。

我们可以设想某个企业家想新建一家企业的情境，来形象说明什么是"反公共地悲剧"。新企业的营业证上必须加盖多个部门的公章。这时候，每个部门都必须打通，有了它的公章不一定能行，但没有它肯定不行，没有就是违法经营了。所以企业家要加盖公章，就得给掌管公章的干部"意思意思"；因为有很多公章，企业家就需要不断地"意思意思"。更糟糕的是，很多时候企业家还弄不明白该向谁"意思意思"。折腾了很长时间，本以为自己已经手续齐全、准备举办开业庆典了，不料又冒出一个干部说还缺他那的公章，必须补办手续，否则就是非法经营。打发这样的不速之客没那么容易，因为他很清楚，此时企业家已经被严重套牢了——没他的公章就无法开业，而不开业,企业家之前投入的金钱和努力就会全部打水漂。于是乎,他可能就会狮子大开口,而企业家也只能忍气吞声,破财消灾。而最令企业家心惊胆战的是,谁也无法保证这就是最后一个,说不定哪一天又会冒出一个不速之客来。一想到这种雁过拔毛的可怕情境,企业家大多会打退堂鼓,因此一些对产业发展和社会福利有益的项目可能就这样黄掉了。

"一把手项目"的名头之所以对招商引资至关重要,其诀窍在于"以毒攻毒"。如果某地项目是由地方的"一把手"引进和主抓的,企业家只要说服或者搞定这个"一把手"就足够了;那些想着雁过拔毛的人则不但不敢拔毛,还有可能尽心尽力为项目实施提供各种可能的方便。

这种依靠"一把手"威权的产业发展模式尽管奏效,但与主流经济学教科书所提供的解决方案格格不入。主流经济学认为,必须首先明晰私人产权,然后经济才有可能发展。但中国的经济发展实践表明,这种主流论点最大的问题是将产权界定看成一劳永逸的事情,但产权界定本质上是一个没有尽头的动态过程。以房产为例,同样一套房产,周围是否有地铁或者中小学、国家是否征收房产税等,都会对它的市场价值造成巨大影响。

在此意义上,产权的清晰界定不是经济发展的原因,而是经济发展的结果;将产权清晰界定作为经济发展的前提,实际上是因果倒置了。

再看基础设施建设。与印度等其他发展中国家相比,良好的基础设施是中国经济发展的一大特色,而"若要富,先修路"也是中国各级地方政府的基本共识。通过改善基础设施来促进招商引资,正是架起这种观念与现实之间的桥梁。

这是一个"经营城市"的故事，土地是其核心。与欧美相比，中国的城市土地是全民所有的，而具体的控制权则掌握在地方政府手中。从土地角度看，中华人民共和国的成立消灭了千千万万个小地主，而造就了一个"全民所有"的"大地主"。这样一来，经营城市的本质就是地方政府作为城市土地的垄断供应者，可以通过差别定价和交叉补贴的方式来最大化城市土地的整体价值。

为尽可能简化地阐释机制，不妨先假定城市政府的土地存量是固定的，而土地有两种基本的功能：一种是用于居民住宅建设，另一种是用于诸如高铁、高速公路之类的基础设施建设。一个地方的基础设施越好，企业的经营效率就越高，进而企业雇佣工人所带来的边际回报就越高，企业也就越愿意雇佣更多的工人，而这又意味着居民总体的住房需求越高。但房子不是空中楼阁。给定城市土地的数量是有限的，越多的土地用于基础设施建设，就剩下越少的土地用于建造居民住宅。

由此可见，增加基础设施用地不但提高了住宅需求，而且降低了住宅供给，所以从供需两个方面都会推高居民住宅价格，以及由此派生出来的土地出让金的拍卖单价。给定土地出让金总量是拍卖单价与供应面积的乘积，地方政府肯定不会将所有的土地都用于基础设施建设，而是会在基础设施与居民住宅之间寻求一个最佳的分配比例。这就是政治企业家所主导的以土地财政为核心的经营城市的逻辑。

进一步来说，考虑到土地"农转非"的可能性，我们很容易放松城市土地供应的假设。这时候，一个很显然的推论是，地方政府会有极其强烈的"摊大饼"动机，即通过不断的"农转非"来做大城市建成区的面积。道理很简单,同样一块城乡接合部的地块,用于种田与用于盖楼,其所产生的市场价值有着天壤之别。也正因如此,分割土地"农转非"所造成的巨大级差地租必然会引发尖锐的矛盾。这块收益主要归于农民,还是归于土地开发商,还是归于掌握着土地"农转非"最终决定权的地方政府,其差异之大不言而喻。

有人说,这些土地价值增值应该主要让渡给农民。这种观点听起来很符合公平道理,但实际上经不得细究。

第一,这些土地之所以增值,并非那些农民本身的努力,而是基础设施改善所带来的。所以,如果这些农民获得土地价值增值的绝大部分,实际上可以算是"不劳而获"。

第二,同样是中国农民,绝大多数农民并非出生在北上广深的城郊。所以,北上广深城郊的农民如果仅仅因为有幸生在此处就能获得因为公共品改善而带来的巨大土地增值,实际上并不符合许多人孜孜以求的公平正义。

从企业家的角度破解中国经济高速增长的斯芬克斯之谜,无疑是一个大胆的理论尝试。但这果真要成为一个好的理论,它就不但要能够解释中国经济的成功之处,也同样要能够解释中国经济的问题所在。在一个社会中,成功与失败都是同一个因结出来的果。只能解释成功而不能解释失败,或者只能解释失败而不能解释成功的理论都不是好的理论。所以,为了解释改革开放以来中国经济的巨大成就,我们实际上是需要说明为何与导致失败的因素相比,促进成功的力量占据了主导地位。

政企互动是个很好的切入点。需要强调的是,政企互动本身是一个没有任何褒贬含义的中性表述;但通常褒扬者会认为这是政府向市场提供了援助之手，而贬抑者则将其斥之为政企合谋和官商勾结。在政企互动过程中，一个有趣的问题是如何看待政府（官员）对招商项目的持续投资。

按照匈牙利经济学家科尔奈对传统计划经济的分析，这被称为"父爱主义"下的软预算约束（soft-budget constraint）。许多日常观察强有力地支持了科尔奈的理论。虽然许多国有企业经营效率低下甚至成为僵尸企业，但它们仍然获得了正规融资的绝大多数份额；因为出于"父爱主义"，政府不能允许国有企业破产清算。同样的道理，在招商引资过程中，只要一把手在位，那么"一把手项目"就不允许失败；因而即便表现不佳，也会持续不断地追加投资给它续命。

很多人之所以反对产业政策，就是因为政府（官员）无法做出可置信的承诺，在项目业绩表现不佳时选择及时退出。这里面的道理非常微妙。所谓"冤有头、债有主"，一旦项目被破产清算，招商引资"失败"就变成了板上钉钉，进而会给官员的政绩考核造成不小的负面影响。不过即便项目表现不佳、前景黯淡，只要还没有破产清算，这个项目在账面上就不能算是"失败"的，从业绩考核的角度看，就也不会对项目引进的主导官员造成致命性的打击。

同样是追加投资，在风险投资的相关文献中，有一个明显褒义的称谓，即失败容忍（failure tolerance）。成功的初创企业，通常会展现出这样一种发展规律：起初快速增长，之后遇到发展瓶颈，各项业绩指标大幅回撤，但成功熬过这个调整期后，企业会再次进入快速扩展的发展通道。

从事后角度看，初创企业的业绩回撤，很像是二级市场上牛股的回踩确认，是风险投资坚持下去甚至于大举介入的绝佳时机。但从事中角度看，谁都不知道这到底是回踩确认还是跌入万丈深渊；根据统计数字，绝大多数的初创企业最终都掉入了万丈深渊。

对于先期介入的风险投资者而言，看着初创企业的业绩下滑，到底是坚守甚至追加投资，还是放弃并立即止损，是他们当下必须做出的选择。从概念上讲，触发风险投资退出决策的业绩回撤率就大致度量了风险投资的失败容忍度。

基于这样的逻辑，清华大学的田轩教授做过一个很有影响力的研究，他发现失败容忍度越高的风险投资者，其所投资企业不管是在创新数量还是质量方面，都表现得更好。

接下来需要回答的核心问题是，地方政府官员所主导的招商引资，为何主要是发挥了失败容忍的好处，而没有彻底演变成无底洞式的软预算约束呢？这个答案也同样植根于中国独特的政治经济体制。

除了GDP锦标赛促进地方间招商引资竞争的经济逻辑，这里还需要强调的是地方政府官员的到期换届制度。

在中国式的官员任免制度下，没有任何一个地方大员可以在同一个地方长久待下去的。如前所述，一把手招商引资之所以有可能导致软预算约束，关键原因就是其没有办法做出可信承诺来"自扇耳光"，即先大张旗鼓地亲自引进某个项目，再大张旗鼓地亲自宣布这个项目失败。而官员流动和到期换届制度"外生性"地解决了这个承诺问题。

司空见惯的是，每一次的主要负责人换届通常都会导致地方发展策略的重大转变。俗话说，"新官上任三把火"，第一把火往往就是将自己与前任留下来的负资产进行完美切割。

认识到这一点,对于理解 GDP 锦标赛是非常重要的。任何官员要赢得 GDP 锦标赛,不但本地方的 GDP 业绩要相对较好,还要提供充分的证据表明这种良好的 GDP 表现是自己的政绩,而非"前人栽树,后人乘凉"的结果。所以,即便前任的项目马马虎虎,继任者都有积极性推翻重来,更何况那些业绩不佳、前景黯淡的烂尾项目。

从这个意义上来说,地方政府换届之后的政策转换,也会展现出亦是亦非的双重特性。大多数人只看到了坏的一面,认为这是官员瞎折腾,但我们也不能忽视其中好的一面,即切断了招商引资与无底洞式的软预算约束之间的逻辑链条。

2019 年 1 月 27 日

当"数字化生存"遇到"城市的胜利"

数字化生存的技术基础是所谓的摩尔定律。英特尔的创始人之一戈登·摩尔认为,给定价格不变,集成电路上可容纳的元器件数目大约每隔18—24个月将会翻番,因而性能也会随之翻番;而随着时间的推移,数字化和计算性能都将呈现出令人恐惧的"指数增长"的趋势。尽管摩尔定律只是一个经验规律而非物理自然规律,但迄今为止,它展示出了近乎神奇的有效性。

1996年,美国著名的计算机图像专家、MIT媒体实验室创办人尼古拉·尼葛洛庞帝教授出版了一本风靡全球的著作《数字化生存》(*Being Digital*)。作者以一种理性科幻的方式说明信息技术飞速发展,各种信息将会从"模拟信号"过渡到"数字信号";与连续化的模拟信号相比,离散化的数字信号能以更低的成本、更高的准确率进行压缩、编辑和传播,更容易产生规模经济、组合创新和网络效应。最终,人们将在数字化世界中生活、学习、工作和互动,即人类将彻底进入一种"数字化生存"的状态。现在即过去的将来。尼葛洛庞帝当时的各种预测,现在已经或者正在变成现实。

当"数字化生存"遇到"城市的胜利"

数百年前,哥伦布航海证实地球是圆的;而十多年前,托马斯·弗里德曼却认为信息化、互联网和全球化终将抹平国家之间、地区之间的各种差异,进而得出"世界是平的"的结论。

设想一下,在马车时代,要向远方的亲人带个口信,是何等的耗时、耗力、耗钱!而现在,因为数字化,远距离信息传播不但成为可能,而且成本异常低廉。哪怕两个人相距万里,凭借微信等网络通信工具,他们都可以通过文字、音频乃至视频实时沟通,而且成本近乎为零,真可谓"海内存知己,天涯若比邻"!

经济学研究表明,长期增长主要是由技术进步所推动的;而在所有的技术中,通用技术(general-purpose technology)又是影响最为深远的。蒸汽机是一种通用技术,因为它可以为各种生产过程提供更加充足和强大的动力,由此也孕育和催生了工业革命。很显然,信息技术及由此所派生出的互联网技术也是通用技术,因为任何生产和消费环节都可以通过信息化改造而提高效率。现在,人们已经熟知的"互联网+"就刻画了这样一个过程。

现代经济学鼻祖亚当·斯密在《国富论》中指出,国民财富的源泉是劳动分工引致的生产率提高,而分工程度则最终受限于市场范围的大小。所以,空间距离消失、市场范围扩大,必将导致分工程度加深和生产率提升。

分工程度加深体现在产业层面则是一个"创造性破坏"的过程,新产品、新技术、新商业模式不断涌现,老产品、老技术和老商业模式不断消亡。特别地,信息化会让传统意义上的产业边界变得更加模糊不清,跨界、"野蛮人敲门"也将成为市场竞争的常态。既然信息化、数字化和互联网化是一个创造性破坏的过程，当然就会有人从中获益、有人从中受损。传统社会中，跨越空间距离的成本很高，人们因此被局限在许许多多相互分割的小市场中。这意味着，每个人只需要应对其所在的小市场的竞争压力，但也因此，即便他做到优秀，所得收益也不会太大。进入数字经济时代，空间距离在信息意义上不再重要，众多本来相互分割的小市场将不可逆转地整合为一个相互联通的大市场。这将对市场的竞争法则和收益分配产生极其深远的影响。

在宏观层面，根据国际贸易理论中著名的罗伯津斯基定理，如果某种要素增加，那么相对更多使用这种要素的产业或者国家将因此获益而壮大，而相对更少使用这种要素的产业或者国家将因此受损而萎缩。数字化信息无疑是一种重要的生产要素，因而数字化信息的指数增长，必然会带来经济日益数字化，即数字经济的份额会越来越大。

而对应到微观层面，那些能够更早、更多掌握大数据且能以更加聪明的方式使用大数据的个人或组织，将在市场竞争中占得先机，而与此同时，那些"后知后觉"者则面临被市场淘汰的悲惨命运。

必须明白的是，在一个竞争激烈的巨大市场中，能比所有对手都强一点点，将是一个极其巨大的竞争优势，因为这会导致所谓的"明星效应"。明星效应自古有之，但在数字化、网络化的时代，明星效应将被空前放大，社会的分配也会从通常的"二八规则"进一步变为"一九规则"，甚至居于社会顶部百分之五的人会掌握全社会百分之九十五的财富。"仓廪实而知礼节,衣食足而知荣辱",产业结构的重新洗牌,收入分配的严重失衡,必然又会对社会治理提出严峻挑战。

一如人们正在观察到的,数字的网络化及网络的数字化,将会塑造少数具有超强市场力量的平台组织。不管何种平台,其最终功能都是撮合某种形式的交易或买卖,如前所述,平台在撮合交易方面有典型的正反馈机制。已经加入某个平台的买家越多,新的卖家将越愿意加入该平台;同样地,已经加入某个平台的卖家越多,新的买家也将越愿意加入该平台。

任何时候,决策者都面临着先动优势与后发优势的两难选择,但因为上述"正反馈"机制,数字经济时代,竞争的天平会更加向先动优势倾斜,因而平台之间的竞争往往会以"赢者通吃"而告终。

每个城市,不论大小,实际上都是一个复杂交易的撮合平台。如前所述,按照空间经济理论,中心城市对周围经济会产生两种相反的影响:一种是中心化的"虹吸效应",另一种则是去中心化的"辐射效应"。在信息化和数字化的过程中,空间距离的缩短无疑会加强辐射效应;与此同时,信息化让竞争变得更加激烈,由于正反馈机制,虹吸效应将会变得空前强大。最终的结果则是著名经济学家爱德华·格雷泽所谓的"城市的胜利",特别是大城市的胜利。

第一,相对于乡村,城市拥有更好的基础设施、更大的人口规模,因而是更加大而有效的交易撮合平台,故经济的数字化必然伴随经济的城市化。

第二,类似的道理,大城市比小城市会集聚更多的资金、人才、知识、信息等,因而具有更大的竞争优势。

但必须指出,大城市相对于小城市的优势并不是一成不变的。在本质上,这种"由大而强"的优势只是一种潜能,它最终能否实现,或者是否会被逆转,则有赖于企业家和企业家精神。

在我看来,任何具有企业家精神的人,即旨在通过打破常规而获得超额收益者,都可以被称为某种形式的企业家。所以,企业家群体中,既有马云、马化腾、任正非和马斯克等经济企业家,也有那些富有担当、敢作敢为可以被称为政治企业家的官员。

只有那些能够让各类企业家精诚合作、相辅相成的城市,才能真正抓住数字经济时代所蕴含的巨大机遇,并同时正确应对数字时代所带来的巨大挑战。从政府与市场互动的角度看,这些城市的特点是,政治企业家对市场企业家伸出的是"援助之手",而非"掠夺之手"。

2018 年 11 月 12 日

大数据会导致计划经济吗?

物理学中有一个极富哲理的基本原理,即由量子力学的创始人之一沃纳·海森堡提出的不确定性原理(uncertainty principle),也即通常所谓的海森堡测不准原理。这个理论是说一个运动粒子,不可能既准确测量它的位置,又准确测量它的动量(物体质量乘以速度),因为位置测量误差和动量测量误差的乘积等于一个常数。这个常数非常非常小,叫普朗克常数,是以量子力学的另外一名创始人马克斯·普郎克的名字命名的。普朗克常数特别小,在日常生活的时空尺度下近似于零,因而并没有什么测不准的问题;但是,一旦进入极其微观的量子世界,测不准原理的威力就很大了。

有些人可能清楚,爱因斯坦也是量子力学的创始人之一,并因光电效应(而非相对论)获得了诺贝尔物理学奖,但他本人终生不相信量子力学。

爱因斯坦和量子力学最重要的创始人尼尔斯·波尔是好朋友,但两个人因为量子力学争论不休。波尔信奉不确定性,按照量子力学的逻辑,他认为我们看到的世界只是我们看到的世界(活脱脱是"贝克莱主教"的化身),因为世界会随测量而发生改变。爱因斯坦则信奉决定论,认为上帝不会掷骰子、薛定谓的猫不会既死又活。但每当他用拿手的思想实验对量子力学提出质疑，波尔总能找到方法做出反驳。

最让爱因斯坦崩溃的是，波尔居然以子之矛、攻子之盾，用爱因斯坦的广义相对论中的引力红移公式，推出了能量和时间遵循的测不准关系！实际上，在量子力学中，任何一对共轭变量都遵循测不准原理。

回到本文的主题，大数据是否会导致计划经济？你会发现，马云用基于大数据的"计划经济"挑战市场经济，很像爱因斯坦用决定论挑战量子力学的不确定性原理。要回答这个问题，有两点很重要：第一，计划经济不可行在经济学家中基本上已成共识；第二，名人名问，是马云对此共识提出了挑战。2016年马云在世界浙商上海论坛上说：过去一百多年来，我们一直觉得市场经济非常好，我个人认为未来三十年会发生很大的变化，计划经济将会越来越大。因为数据的获取，市场这只无形的手有可能被我们发现。

马云抛出观点之后，许多著名经济学家，如钱颖一、张维迎等人立即进行了反驳。主要的观点是，市场中有很多分散的私人信息，计划是难以收集和处理的，其中不但牵涉到激励问题，还牵涉到信息收集和处理能力。进一步来说，经济发展的源泉是创新，创新意味着打破常规，计划是提前制定的常规，因而从定义上，创新与计划不兼容。

二十世纪三十年代，经济学界就有一场关于市场社会主义是否可行的激烈争论。

辩论一方是奥斯卡·兰格等人，他们认为随着计算机性能提高，政府可以通过基于计算的计划来模拟市场，既发挥市场的各种好处，又避免市场的各种坏处。

辩论另一方的代表人物是奥地利学派的哈耶克和米塞斯，他们认为市场是一个能够收集和处理各种分散信息的动态过程，其在鼓励创新、调节供需、实现优胜劣汰等方面的作用是任何宏大计划都无法匹敌且不可复制的。哈耶克著作等身，但这些思想最集中地体现在他在《美国经济评论》上发表的论文《知识在社会中的运用》中。

反驳大数据会导致计划经济的观点，钱颖一和张维迎等人所阐释的内容并没有超出哈耶克的分析，不过这基本上也就够了。之所以说基本上，是因为他们并没有回答为什么在大数据时代，计算能力大幅度提升，我们仍然无法解决哈耶克强调的分散信息的收集和处理问题。回答这个问题，我们要在哈耶克的基础上更进一步，说明基于大数据的计划能力和大数据的信息性之间存在无法克服的本质矛盾。

为此，不妨设想一种最有利于计划经济的未来情景：随着数字技术的高度发展，每个人的一举一动都会被转化为数字信息记录下来，形成无所不包的大数据；据此，计划委员会再利用运算能力超级强大的量子计算机对社会的方方面面（大到国家的宏观政策，小到每个人的衣食住行）制定无所不包的经济计划。此时，如果每个人都完全遵照基于大数据制定的经济计划行事，那么即便记录下来他们的所作所为，由此得到的大数据也不会再产生附加信息，进而基于大数据的经济计划也将不再更新，整个社会将陷入完全静止的状态。这种状态下要么什么都不会发生；要么真的发生了什么事，每个人也不再具备主观能动性，实际上都变成了"人工智能"的机器。

反过来看，经济计划若要有动态指导意义，则在任何时点，其所依赖的大数据必须在信息含量上不断更新。但如上所述，大数据的信息含量要有所更新，则必然意味着人们并不是完全按照之前的经济计划行事的。

由此可见，计划的有效性来自计划的无效性，计划的有效性会导致计划的无效性，这是一个本质无解的两难问题。

人们通常认为阿里巴巴是一个电子商务公司，但在马云看来，阿里巴巴的核心竞争力来自其海量的数据，它是一个基于大数据而让千千万万个小微企业获得发展机会的赋能平台。马云认为大数据会导致计划经济，是因为他看到了大数据和计算能力的确会提高"基于这些数据"的计划准确性，却忽视了大数据的信息性（informativeness）有赖于人们的自由选择。如上所述，一旦人们的行为都是提前计划的，那么基于这些行为产生的大数据，以及基于这些大数据进行的精确计划，都会变成没有意义的"自嗨"。再聪明的大脑，碰到没有信息含量的数据，据此做出的决策也必然没有什么价值。

马云很像是预知未来的外星人，能够看到二十多年后的盈利机会，格局不可谓不高，称得上商界的爱因斯坦。但正如爱因斯坦凭借量子力学荣膺诺奖却不相信量子力学一样，马云凭借市场成就伟业却声称相信计划经济。

爱因斯坦穷其智慧，最终没有驳倒量子力学，反倒在爱因斯坦之后，量子力学取得了飞速进步。量子力学玄之又玄，我等常人很难理解量子纠缠，但量子卫星和量子通信已付诸实践。同样，人们很难理解市场会有一只任何有形之手都无法替代的无形之手，能够自动收集、处理各种分散的信息，但实践证明，市场经济是人类社会迄今最有效的资源配置方式。

　　佛教有本经典叫《维摩诘所说经》，里面的维摩诘居士生动阐释了修佛的不二法门——既在家，又出家。但这种修为已臻化境，非大菩萨不可为，常人不能理解。或许，等到世人皆已成佛，解决了既能遵照计划行事，又能产生信息增量的不二问题，纯粹的计划经济时代才会来临。但倘若人人皆已成佛，经济计划又有何用呢？

2018 年 2 月 12 日

AI 已经到来，共产主义还会远吗？

苹果

亚当和夏娃本来生活在到处流着蜜和牛奶的伊甸园里，既蒙昧无知，又无忧无虑。但在蛇的怂恿下，他们偷吃了禁果——苹果，有了智慧和羞耻，于是找了无花果树叶遮挡自己的下半身。此事的代价是亚当和夏娃被上帝赶出伊甸园，此后，亚当必须汗流浃背地劳作，夏娃必须忍受十月怀胎和分娩之苦，至于那个恶毒的教唆者蛇，则必须终生用腹部行走。

苹果有一天从树上掉下来，砸在了牛顿的头上，于是就有了万有引力定律，牛顿也因此成了有史以来最伟大的物理学家之一，在爱因斯坦出生之前，这个"最"是唯一的，不是之一。万有引力定律尽管很完美，但要让地球绕着太阳转，就必须有第一推动，苦苦追寻第一推动的牛顿，最后皈依了天主教。能够自我推动的、不能够被进一步解释的、自己是自己父亲的、自己是自己儿子的，叫作上帝。

后来，苹果又砸到了图灵。一方面，他智慧超群，是数学家、逻辑学家、计算机科学之父、人工智能之父。二战期间，他参与破译纳粹德国密码，获得极大成功，并在 1945 年荣获大英帝国荣誉勋章（OBE 勋章）。另一方面，在那个将同性恋视为邪恶禁忌的时代，图灵因为同性恋的身份而不为世人容忍。

他的客观死因是咬了一口沾有剧毒的苹果，可至于这是自杀或是"被自杀"，还是一个悬案。如今众所周知的苹果公司的商标也是个被咬了一口的苹果，据说就是为了纪念图灵。

人工智能

人工智能（artificial intelligence，AI）是当今最热的话题之一，如果将最热的范围限定在科技领域，可能还需要去掉"之一"。

图灵设计了著名的图灵测试，即在一个双盲测试中，如果参与者区分不出（超过30%的误判）与自己对话的是人还是机器，那么这台机器就通过了图灵测试，并被认为具有人类智能。目前来看，人要和机器对话至少五六个回合才会发现和自己聊得火热的"妹子"或者"帅哥"，实际上是一个受程序控制的冷冰冰的机器。

长期以来，多数人对于人工智能的想法嗤之以鼻。觉得机器干点笨活可以，但谈到高智商的事情，指望机器替代人类就"too young, too simple"了。

但常识是用来被打破的，首先遭遇的冲击是卡斯帕罗夫与超级计算机深蓝的国际象棋大战。卡斯帕罗夫或许可以代表人类在国际象棋领域的最高智慧，但在深蓝面前，他品尝了失败的滋味。人们对此的辩护是，国际象棋的复杂度低，计算机可以穷举其招，因此战胜人类没什么好奇怪的。围棋就不同，即使围棋国手让计算机许多子，也可以轻轻松松获胜。但这一切，随着阿尔法狗（AlphaGo）的横空出世发生了巨大逆转。一开始，阿尔法狗对战前"世界第一人"李世石。本来人们都想看"石头打狗"，结果最终却变成"狗虐石头"——一比四，李世石只赢了一盘，整体输得很惨。人们后来发现，李世石仅赢的那一盘居然是人类"最后的尊严"。李世石为什么能赢一盘，一种原因是当时的阿尔法狗心智还不太健全，会偶发"癫痫"，李世石因此"捡到"一盘。但也有可能是因为围棋的排名规则规定，从不输棋者，没有排名。阿尔法狗要获得排名，就必须输一盘。

看到李世石的败绩，中国围棋界的"潜伏特务"柯洁"大帝"当然不服，没有战胜柯洁，怎么能算战胜人类？但后来的结局更加悲催。战前自信满满的柯洁，遇到功力大增的阿尔法狗，惨遭零封，一点机会没有。还是孩子的柯洁"大帝"情绪崩溃，泪流满面。

随后，出现了阿尔法零（AlphaGo Zero）。阿尔法狗还要依靠人类的对弈棋谱不断学习才能修成正果，而阿尔法零只要看围棋规则就够了。更逆天的是，阿尔法狗之于阿尔法零，一如柯洁之于阿尔法狗，完全没有机会。

又有人说，不论是国际象棋还是围棋，都是计算机可以完美观察到历史信息的"完全信息动态博弈"，所以，随着计算力上升，人比不过计算机也没有什么好奇怪的。如果信息是不完全的，博弈对手可以玩心理战、可以发送假信息，计算机就不行了。但这种辩护很快就被德州扑克人机大战的结果无情否决。

然后，又有人想到了需要想象力甚于逻辑的诗歌。于是好事者也很快就做了测试，他们发布了许多首诗，让人们鉴别哪些是人写的，哪些是机器写的。结果是，人们分不出来！有些人觉得写得更好的、更具意境的诗，反而出自计算机之手。

我想已经没有必要再举更多的例子了。人们日益相信，随着AI算法和计算能力的提高（比如量子计算机取得突破性进展），人工智能的发展将是一日千里。对于任何可描述的任务，只要有足够的开发投入，人工智能或许可以战胜任何人。

人工智能如何替代人类？

人类无法战胜人工智能，与人工智能可以替代人类是两个概念，前者是个技术问题，后者是个经济学问题。

任何时候，计算机制造都需要原材料，计算机运行都需要能量，算法设计更是需要人工；用一句话来说，AI替代人，不是免费的，需要成本。

经济学提出的问题是：AI会在什么地方、以何种方式替代人类？这又会产生什么后果？探讨这个问题，必须先了解一点点经济学的要素分配原理。

设想生产需要两种要素，一种是资本，一种是劳动，缺一不可。生产者需要决定使用多少资本、雇多少工人，进一步还需要讨论资本家（资本提供者）得到多少、工人（劳动提供者）得到多少。

按照边际分配原理，劳动的价格即工资，等于劳动的边际产出，即边际上再增加一单位劳动能给企业增加的利润；而资本的价格即利率，等于资本的边际产出，即边际上再增加一单位资本能给企业增加的利润。在特定的前提条件下（生产函数是一次齐次的），社会总产出将按照要素价格分配完，工人以工资水平和所提供的劳动数量得到劳动收入，资本家以利率水平得到利息，这就是经济学中的"黄金律"，看起来是非常不错的。

从黄金律又可关联到著名的"卡尔多事实"。英国经济学家尼古拉斯·卡尔多发现,不管生产技术如何变化,市场利率都是相对稳定的。以此为基础,随着资本积累,劳动收入占整个社会总产出的比重,即劳动收入占比基本上也保持不变。如果稍微学过一些经济学,理解卡尔多事实并不困难。假设社会生产函数是柯布—道格拉斯形式的($Y = AK^{\alpha}L^{1-\alpha}$),则随着资本积累,即便工人本身的技能没有发生变化,劳动的边际产出也会增加,进而由边际分配原则,工人得到的工资总量也会提升。进一步,由柯布—道格拉斯函数的性质容易得出,劳动收入占比是个常数(等于$1-\alpha$)。

高度智能化机器人的出现可能会极大地颠覆黄金律和卡尔多事实。在生产端,智能机器人展现出"人"的一面,能够替代劳动;但在收益端,智能机器人则展现出"机器"的一面,收益归于资本家。智能机器人既是机器又是人的特殊性质会极大地改变资本积累对劳动工资的影响机制。

如前所述,原来的情况是资本和劳动在边际上虽然是替代的,但本质上是互补的,没有劳动投入或者没有资本,产出都为零;故随着资本快速积累,劳动变得稀缺,工人工资会随之提高。而随着智能机器人的智能化程度不断提高,它们可以在越来越多的任务上完全替代人工;故在这些生产环节上,企业为了追求利润最大化,都会比较雇佣工人和使用智能机器人的相对成本,一旦人工成本更高,企业就会选择使用智能机器人而不会雇佣工人。

智能机器人作为机器和资本,其成本由利率决定;由此,一旦智能机器人在功能上可以完全替代工人,则必然可以推出一个结论,即劳动工资会被利率锁定,并不会随着资本积累而增加。进一步来说,给定工人数量相对不变而工资被利率锁定,更多的资本意味着更多的产出,则劳动收入占比随着资本积累和经济增长而不断下降将是不可避免的趋势。

法国著名经济学家托马斯·皮凯蒂写了一本风靡全球的书叫《21世纪资本论》(Capital in the Twenty-First Century)。这本书之所以风靡全球,就是考察了劳动收入占比在全球范围都不断下降的问题。当代最著名的经济学家之一,诺贝尔经济学奖获得者斯蒂格利茨也在一系列著作中研究了全球化和收入不平等之间的关系,如《全球化及其不满》(Globalization and It's Discontents),以及《不平等的代价》(The Price of Inequality)。"不平等的代价"已经显现,最典型的例子的就是特朗普当选美国总统。

在美国大选之前,有记者采访斯蒂格利茨,他给出的预测是"当然希拉里会赢",后来的结果肯定让他很失望。在我看来,这是因为斯蒂格利茨还没有跨过理智与情感的坎。他曾经做过克林顿总统的经济顾问,应该是很讨厌特朗普的做派。但实际上,只要依照他关于全球化和收入不平等的分析逻辑,最终的胜者的确应该是"民粹"的、反建制的、"胡说八道"的特朗普,而不是说话滴水不漏、声称代表普通人但实际上代表大资本家的、让美国白人中的蓝领感觉太虚伪的希拉里。

美国主流社会都不看好的特朗普之所以能够击败希拉里,是因为希拉里代表了全球化过程中的既得利益者,而特朗普本人虽然是超级富豪,但他打着的是代表美国铁锈地带选民的响亮旗号。特朗普的口号是让美国再次伟大,要让制造业回流美国,借此创造更多的就业机会。但特朗普的问题是,他只看到了中国廉价劳动力对美国昂贵劳动力的替代,却没认识到摧毁美国工人工作最严重的实际上不是中国工人,而是智能机器人。

机器替代人不是没有成本的。相对于雇佣工人，使用智能机器人的边际成本虽然可能比较低，但需要较高的固定成本，因为针对特定的任务，使用智能机器人的启动成本和调试成本都是不菲的。既然使用智能机器人的特点是固定成本高而边际成本低，雇佣工人的特点是固定成本低而边际成本高，因此可以得到一个自然的推论：在人工智能时代，规模化大生产过程中的工人将会逐渐地被智能机器人替代。面对这个逻辑铁律，人类的选择不多，大概有三条路：

第一，创新，做AI做不了的。但这条路实际上是一个羊肠小道，只适合于那些天赋异禀的创新者。

第二，开拓无数个容量很小的利基市场（niche market），做AI不愿做的。这些很小的利基市场可能是家政服务业、按摩服务业，也可能是私人教练领域，等等。但无论如何，这些市场容量如此之小，因此无法补偿制造智能机器人的固定成本；当然，也因为市场很小，每个参与其中的劳动者是无法享受规模经济带来的高收入的。

第三，劳动成为人们的第一需要，接受可以与AI竞争的低工资。如前所述，在规模化大生产中，智能机器人的固定成本可以摊薄到很低，只要劳动本身给工人带来的痛苦或负效用是他们为获得工资不得已而为之的事情，则从成本角度来看，工人终将难以与AI竞争。那么，如何才能让工人在规模化大生产过程中依然有就业机会呢？一个"脑洞大开"的解决方案或许是让劳动变成人们的第一需要，当劳动本身带给工人的是快乐而不是痛苦，工人将愿意接受可以与AI竞争的低工资。

但劳动成为人们的第一需要只解决了劳动参与的问题，并没有解决劳动者如何生存的问题。一个明显的矛盾是，每个人至少要通过劳动得到生存工资才能生活，但规模化大生产中使用 AI 的平均成本终将低于工人的生存工资。这意味着，为了能比 AI 更有竞争力，人们参与规模化大生产时所得的工资将低于生存工资；这又进一步意味着即便劳动给工人带来快乐，他们必须还要有其他收入来源以保证总收入水平是可以维系生存的。这就必然牵涉到 AI 收益如何分配的问题。如前所述，AI 在功能属性上是劳动，在收益属性上却是资本。给定面对 AI 竞争的劳动者所得工资水平低于生存工资，那么，要让他们的总收入不低于生存工资的唯一办法，就是让他们拥有一定的对 AI 收益分享的权利。

休谟问题

人类进入工业化时代之后，每出现一种新的通用技术都会导致人类社会的大变革。每一次变革，都是熊彼特所述的"创造性破坏"，在创造中破坏，在破坏中创造。人们也总是在担心机器替代人工这个重要问题。

印刷术的出现，曾经让教师们担心会因此失去工作。但结果是书籍的普及让更多人获得了启智的机会，可书本上的内容总有看不明白的，需要有人导读、讲解和释疑。师者，传道授业解惑也，因此这反而给教师创造了更多的就业机会。类似地，汽车的出现让原来赶马车的人失业、纺织机的出现让纺织工人失业，等等；但经过短期的阵痛和调整之后，这些人最终都不但在新的产业中找到了工作，而且随着技术进步和经济增长，他们还享受到了更好的物质生活。

如今随着人工智能的发展，人们不禁要问，由人工智能所引发的机器替代人工的问题，还会和以前一样随着技术本身的发展而自动解决吗？按照历史经验，我们无须过度担心，因为以前很多次诸如此类的担心都被最终证明是杞人忧天。但必须强调，基于历史经验的归纳结论，在外推有效性上始终面临着休谟问题：主人每天都先打铃，然后给鸡喂食；天长日久，鸡总结出规律——只要主人打铃，就有食吃。这个规律屡试不爽，但直到圣诞节，主人打铃，鸡兴冲冲地伸长了脖子等着喂食，没想到主人手起刀落，鸡变成了主人的圣诞美食。

那么，凭借印刷术、汽车、纺织机等经验，认为人工智能时代的机器替代人工并无不同的人们，是否会成为那只到了圣诞节还依然等待喂食的鸡呢？

龙象之争

中国和印度的比较分析近年来很热。中国的快速崛起，一个极其重要的原因是通过参与全球化，发现并发挥了自己在劳动密集型产品或产业上的比较优势，进而将自己潜在的人口红利转化成了实实在在的经济增长。由此人们好奇，更加年轻的印度是否会重复中国的奇迹？为了回答这个问题，很多人从宗教、种姓、文化、民主、国家能力等方面对比中国和印度，所得结论也见仁见智，并没有什么共识。

按照本文的分析逻辑，我认为历史留给印度的机会并不充足。因为随着人工智能技术一日千里的发展速度，在不远的将来，印度面临的真正的竞争对手不是中国，而是人工智能。在人工智能时代，对于任何规模化大生产，采用人工智能一定比雇佣工人更加便宜。由此可以做一个大胆的判断，中国或许是最后一个凭借全球化的国际市场和国内的人口红利而崛起的大国。

另一个同样大胆的判断是，在人工智能时代，将有越来越多的国家趋向于贸易保护。因为这时候需求变成了决定性的竞争力，任何国家都不想把自己的需求分享给其他国家。

计划经济

之前已经讨论过大数据与计划经济的关系，说明即便有了大数据的支持，实施完全的计划经济也不可能。一方面，如果人们都是按照计划行事，则记录人们行为选择的大数据将不会有任何新的信息增量，因此我们说计划的有效性会导致计划的无效性；另一方面，如果要让计划所得来的大数据具有新的信息增量，则要求人们的行为不是完全由计划决定或预测的，因此我们说计划的有效性依赖于计划的无效性。我们将上述无法同时满足的"不二"作为市场经济面临计划经济进攻时最后的、也是不可突破的防线。

但是，正如海森堡测不准原理只有在量子世界才发挥作用一样，市场经济对计划经济的这道防线，也只有当计划深入到个人行为层面时才会真正显示威力。所以，尽管马云说市场的无形之手会被人们发现是言过其实，但和现在相比，在人工智能时代，计划成分增加的趋势将不可避免。更需要注意的是，相对于人类，人工智能更容易计划，而这会让计划经济对市场经济的进攻更进一步。

共产主义

1883年，熊彼特出生，马克思逝世。熊彼特作为当代最伟大的经济学家之一，师承奥地利学派的首领庞巴维克。马克思、庞巴维克和熊彼特形成了复杂有趣的"三角关系"。

作为资本主义的批判者,马克思对资本主义的赞扬超过任何学者,他毫不犹豫地指出,资本主义所创造的生产力是过去任何时代加起来都不可比拟的。但马克思又深刻地指出了资本主义生产方式的本质矛盾,即社会化大生产和生产资料的私人占有之间不可调和的矛盾,而在学理上,马克思将只描述资本主义经济制度表面现象的经济理论称为"庸俗经济学"。

庞巴维克作为奥地利学派的领袖人物之一,将批驳马克思主义作为终身使命;他基于自己的时间价值论批驳马克思的劳动价值论,为此专门写了一本书叫《马克思主义体系之崩溃》(*Karl Marx and the Close of His System*)。

熊彼特与庞巴维克师徒情深,但"吾爱吾师,吾更爱真理"。这两人关于利息的本质争论不休。老师庞巴维克认为利息的本质是时间价值,而学生熊彼特则认为利息的本质是创新价值。进一步来说,在主流学界供奉的经济学"大神"中,熊彼特或许是和马克思最为亲近的。在其名著《资本主义、社会主义与民主》中,熊彼特高度赞扬了马克思。在他看来,马克思是伟大的社会学家和经济学家,同时也是共产主义的先知。尽管熊彼特本人否认是马克思主义者,但有趣的是,他的最后一篇文章叫《大踏步走向社会主义》。

对于资本主义生产方式的本质矛盾,马克思给出的解决方案是共产主义,而共产主义的前提条件的基本特征是:生产力极大丰富、劳动成为人们的第一需要,以及按需分配。对很多中国人来说,这三点是可以熟练背诵的,但本着实事求是的态度,我们必须承认,要真正理解其含义是非常困难的。

按照日常的生活经验,每个人大概都是"好逸恶劳"的,尤其是在雇佣关系中,如果没有监督,人们往往都会有偷懒的动机，这与劳动成为人们的第一需要的自觉状态相去甚远。另外，生产力在何种意义上才能算是极大丰富？受制于硬性的资源约束，生产力不管如何发展，也总归是有限的；一旦有限的生产力遇到人的无穷欲望，就显得捉襟见肘。生产力极大丰富、按需分配，再加上人的欲壑难填，怎么看都好像是个无解的"联立方程"。然而，根据之前的分析，一旦引入智能机器人，这个看似无解的联立方程将迎刃而解。

首先，在规模化大生产中，采用智能机器人的平均成本必然会低于工人的生存工资；反过来理解，若以生存工资作为度量单位，生产力极大丰富就具有了非常直观的含义，即采用智能机器人的平均成本低于工人的生存工资。

其次，给定采用智能机器人的平均成本低于工人的生存工资，工人若要参与规模化大生产，劳动就必须成为他们的第一需要，即劳动本身必须带给他们快乐；或者说，为了能够与智能机器人竞争，工人必须接受低于生存工资的工资水平。

最后，按需分配不是人们想要什么就可以得到什么，而是从整个社会的角度来看，每个人的收入水平都至少要满足生存。但是，给定参与规模化大生产的工人直接的收入水平低于生存工资，那么要让他们最终所得不低于生存工资的唯一办法，就是使其可以分享与智能机器人所对应的资本收益。这一点实际上并不全是想象中的无稽之谈。在芬兰，已经有了全民基本收入计划（universal basic income，UBI）的大规模实验；在美国，扎克伯格和曾经有意竞选美国总统的华裔参选人杨安泽也都支持类似的计划。

很多人之所以批评马克思的经济理论，是因为在他们看来，马克思在讨论价值决定时只强调了供给面，即社会必要劳动时间,却完全忽略了同等重要的需求面因素,即缺乏一个新古典体系下的向下倾斜的需求曲线。但作为"先知"的马克思或许已经知道,论证共产主义并不需要新古典体系下的需求曲线。因为面对资本主义生产方式的基本矛盾,有了社会必要劳动时间,再加上水平的生存工资线,就足够了。

2018 年 2 月 13 日

"第二机器时代"的贸易冲突

最近,最霸屏的事情莫过于中美贸易摩擦揭幕和规模升级。本文将从经济循环视角,对"第二机器时代"的贸易冲突的实质和趋势做出理论分析。这里的"第二机器时代",取自埃里克·布莱恩约弗森和安德鲁·麦卡菲的著作《第二次机器革命:数字化技术将如何改变我们的经济与社会》(*The Second Machine Age: Work, Progress, and Prosperity in a time of Brilliant Technologies*)。这是一本值得一看的好书。两位作者以平实活泼的日常语言,清晰深刻地阐释了信息化、互联网和人工智能时代人类社会所面临的挑战和机遇。

经济学研究表明,长期经济增长主要是由技术进步所推动的;而在所有的技术中,通用技术又是影响最为深远的。蒸汽机是一种通用技术,它可以为各种生产过程提供更加充足和强大的动力,也由此孕育和催生了工业革命。信息技术及由此派生出来的互联网、人工智能等显然也是通用技术。从生产到消费,社会运行的任何环节都可以通过信息化、网络化、智能化改造而提高生产率。

根据经典贸易理论,不同国家按照各自的比较优势进行国际分工和国际贸易。特别地,以美国为代表的发达国家,在资本密集型和技术密集型产品或产业方面具有比较优势；而以中国为代表的发展中国家，则在劳动密集型产品或产业方面具有比较优势。

若将整个世界看成一个整体，则国际分工和国际贸易会促进如下循环：发达国家是研发部门，负责创新；发展中国家是制造部门，负责生产；发达国家向发展中国家出口技术，发展中国家向发达国家出口产品；发达国家利用技术所得收入，从发展中国家购买产品。这无疑是一个美妙的经济循环，因为亚当·斯密告诉我们，国民财富的源泉是劳动分工和由此而来生产率提高。

然而，智能机器人的出现，以及智能机器人智能化程度的日益提高，将会无情地打破这个美妙的循环，让既有的全球化和国际分工模式受到巨大冲击甚至难以为继，让典型的国家有回到"大国寡民"的强烈动机。

问题的本源是之前提到的智能机器人在功能属性和收益属性上的二元背离。一方面，它在收益属性上是"机器"，成本由利率决定，收益则归于资本家；但另一方面，它在功能属性上是"人"，在各种可描述的生产环节中都可以对人构成替代。

很多人认为，人工智能首先会替代低技能劳动力，原因是低技能劳动力从事的工作比较简单，可以被描述，容易标准化，因而不需要机器人有太高的智能化程度即可实现任务替代。进一步推理可得，从事复杂劳动的人受到"机器替代人工"的威胁相对更小。而我认为，这种仅考虑技术替代难度的分析是有缺陷的。因为从企业角度来看，制造能够替代复杂劳动的机器人成本固然高，但复杂劳动者的工资也高，因此机器替代所产生的经济收益也会更高；同理，制造能够替代简单劳动的机器人成本固然低，但简单劳动者的工资也低，因此机器替代所产生的经济收益也会更低。

所以，决定机器替代人工路径的核心因素应该是技术替代的成本收益率，即进行技术替代的收益与成本之比。任何时点，这个比值越大的工作或者任务，越有可能被机器替代去做，因此本来从事这些工作或者任务的劳动者若要不失业，只能去找其他工作。

进一步来说，如果摩尔定律继续有效，则大数据、计算力，以及机器人的智能化程度都会呈现出指数型加速趋势，因而随着时间推移，智能机器人将会以越来越快的速度替代越来越多的人工。一旦智能机器人实现了对人工的大规模替代，国际贸易的理论和实践必将随之发生颠覆性的变化。

按照传统的赫克歇尔—俄林模型，国家之间之所以会有比较优势，是因为它们之间存在要素禀赋的相对差异。作为简化，假设生产过程中只涉及两种要素，即资本和劳动，则国家之间比较优势的基础就是它们资本劳动比的差异。进一步，给定要素（所有者）本身也是逐利的，则国家之间能够保持资本劳动比的差异，必然要求至少有一种要素是不可以跨界流动的。相比而言，资本是可以自由地跨界流动的，而劳动的跨界流动则受到严格限制。在很大程度上，所谓的国家边界，实际上就是劳动自由流动的边界。

智能机器人会极大地颠覆赫克歇尔—俄林模型的理论基础。既然智能机器人既是机器又是人，既是资本又是劳动，故在生产层面上，智能机器人作为"资本"的跨界流动，也就意味着

"劳动"的跨界流动。

随着资本积累,技术进步及智能机器人的无限可复制性,在未来,劳动力短缺对扩大再生产的制约效应将越来越弱。而按照资本流动的无套利原则,智能机器人作为资本,不论配置在哪个国家,其所得绝对收益都应该相同。此时,国家之间将会有更多的竞争而不是合作,主要是看谁能够提供效率更高的智能机器人。最终,只要借助于足够多的效率更高的智能机器人,一个国家在原则上就可以完成整个世界所需要的生产活动。

面对智能机器人所带来的"生产力极大丰富",需求将是构成生产的终极制约因素,而从经济循环的角度看,生产的收益分配和价值实现将是其中最具挑战性的问题。

企业雇佣工人,工人向企业提供劳动,企业向工人支付工资;为了获利,企业必须生产人们需要的产品,而为了获得工资,工人必须提供企业所需的劳动。总而言之,在传统的经济循环中,社会的生产和消费是同时决定的,即在决定生产什么及如何生产的同时,也就决定了为谁生产。

但在第二机器时代,生产的决定与消费的决定开始分离。虽然智能机器人在生产功能上替代了人的工作,但是在收益分配上保留了资本的属性。这样,那些在生产过程中被智能机器人替代的人如果不是资本所有者,那么,他们在工作被替代的同时也一并失去了对智能机器人所生产产品的购买权或"货币选票"。如此一来,从生产到消费,从消费到生产的循环将难以为继。

这正是马克思刻画的资本主义生产方式的基本矛盾——生产社会化与生产资料的私人占有之间不可调和的矛盾。对此,马克思给出解决方案是共产主义,即生产资料归全民所有;对应本文探讨的问题,则是智能机器人带来的收益归全民所享。唯有如此,从生产到消费,从消费到生产的循环才能正常进行。这时候,智能机器人将展现出"我为人人,人人为我"的特性,人类也将真的步入大同社会。我们很难猜测这个"奇点"状态何时到来,甚至是否会到来,不过可以肯定的是,只要智能机器人在生产过程中的重要性日益增加,各个国家就不可避免地面临日益激化的国际贸易冲突。

如前所述,现有的国际贸易秩序主要建立在以要素禀赋差异为基础的比较优势之上,故从生产角度看,不同国家之间的贸易和分工将是一个互利共赢的正和博弈。但是,因为智能机器人既是资本也是劳动的独特性质,随着对其的普遍采用及其智能化程度的日益提高,国家间要素禀赋差异将日渐消失,进而以国家间要素禀赋差异为基础的现行国际贸易秩序大厦也将随之坍塌,需要彻底重构。

智能机器人的普遍采用及其智能化程度的日益提高的第一个直接结果是,以美国为代表的发达国家的资本密集型特征将逐渐消失。单从生产来看,它们对拥有廉价劳动力的发展中国家的依赖度会越来越低。所以,资本乃至制造业向美国回流的根本推力,并非完全是特朗普的倒行逆施,而是摩尔定律,以及由摩尔定律所推动的大数据、计算力、人工智能所呈现出的可怕的指数型增长。或许正因如此,特朗普可以对基于比较优势理论的任何批评嗤之以鼻。

以美国为代表的这些发达国家,手握智能机器人及与之对应的技术和知识产权,必然会通过改变现有的国际分工和贸易格局来最大化它们的收益。我们可以从如下四个方面来理解相关的影响:

第一,当然就是直接的机器替代人工。通过在生产过程中大力推广使用智能机器人,将发展中国家的普通劳动者替代掉,进而将本来属于这些人的劳动所得变成自己的资本所得,这样的结果便是所谓的"资本侵蚀劳动"。

第二,手握智能机器人却引而不发,让机器替代人工变成一个"合法伤害权",以此在国际谈判中进行"勒索"——如果不给我让渡更大的利益份额,我就用智能机器人来替代你们!最终的结果依然是"资本侵蚀劳动"。

第三,贸易保护主义盛行,贸易摩擦成为常态。如前所述,一旦生产能力可以无限拓展,谁占有需求,谁才能获得生产的价值实现。没有了比较优势的基础,国际贸易不再是双赢博弈,而会变成赤裸裸的零和博弈。每个国家都想通过出口实现生产价值,不希望将自己的需求让渡给其他国家。由此,贸易保护将成为"囚徒困境"式的纳什均衡,而世界也将陷入"大国寡民"的分割状态,直到"全世界无产者联合起来",促成一个世界范围之内的大同社会。

第四,研发竞争成为国家之间的核心竞争。迈克尔·波特在《国家竞争优势》(*The Competitive Advantage of Nations*)一书中提出,发达国家具有技术优势,发展中国家具有成本优势,这显然是以比较优势理论为基础的结论。但如前所述,在第二机器时代,比较优势将被绝对优势取代,只有综合性能最高的智能机器人才能在竞争中存活下来,而这一切又取决于谁具有更强的创新优势。不难理解,除了一般意义上的研发投资,教育投资将变得极其重要。

2018 年 7 月 13 日

疫情冲击与商业模式嬗变

新冠肺炎疫情依然是大多数中国人最为关心的问题，人们衷心地祝福患病者能够早日康复，看到春光明媚、夏日灿烂，更加热切地盼望生活和工作秩序归于安康和平静。我们相信，在党和国家以及广大人民和人民军队的不懈努力下，疫情一定会过去，但历史经验告诉我们，疫情之后的安康和平静的生活和工作秩序，或许将是非常不同的。疫情的冲击本身是短暂的，其所产生的效应却有可能是长期的，让中国社会发生量子跃迁式的商业模式嬗变。

有这个想法，是因为昨天在家里无意中看到一个由宋小宝和马云共同表演的小品。客观地讲，这个非常符合主旋律的小品在笑点上远远达不到宋小宝的高峰水平，而马云在其中也没有展现出他"万人迷"的演讲风采。这里之所以强调这个小品，最重要的原因是其中每一次的丢包袱、抖机灵，都似乎在提醒着人们，马云已经从阿里巴巴董事局主席变回了他梦寐以求的马老师。的确，2019年9月10日，也就是教师节那天，在杭州奥体中心，在全场六万人的见证下，曾经的英语教师马云宣布退休，不再担任阿里巴巴集团董事局主席，回去当教师。

马老师做回马老师之所以备受关注，并不真正是因为之前少了一个老师、现在多了一个老师,而是因为以前的马老师和现在的马老师之间还有一个万众瞩目、举足轻重的阿里巴巴集团董事局主席。而正是这个董事局主席,提出了"让天下没有难做的生意"的价值理念,让淘宝、天猫、支付宝,以及钉钉等,走进了无数中国人及一些外国人的日常生活。也正是这个长得像外星人的、曾经的英语教师,带领着阿里巴巴的"十八罗汉"和更多的"寻宝团队",将一个个夸下的"海口"和吹过的"牛皮"变成了现实,不但在纽交所敲响了上市的钟声,而且在与美国记者的访谈中以无与伦比的演讲口才迷倒了芸芸众生。还是这个一次次将"海口"变成现实的人,让上海切实感受到了错过互联网大潮的失落,并引发了著名的"上海为何出不了马云?"的"正声之问"。

但事情曾经不是这样的。让我们将时光镜头回溯到 17 年前,即 2003 年,那时候的阿里巴巴完全没有风光无限,而是一个挣扎在死亡线上的创业公司。据说为了解决融资困难,马云曾经找过雷军,结果不但惨遭拒绝,还给人家留下了特别不好的印象:这人獐头鼠目、满嘴跑火车,是不是做传销的?说的项目这么大,怎么看都觉得是个骗子!但真可谓是"主要看气质","腰缠万贯气自华"的马老师现在不管是打太极练功守道,还是朋克造型开演唱会,都是光芒万丈、英气逼人。

现在人们都说马老师是一个有大格局的人。所谓格局,就是可以先知先觉地看到五年后、十年后,甚至二十年后的商业模式,然后持之以恒将其变成现实的人。但在"众人皆醉我独醒"的大环境下,先知先觉者要获得成功,除了有非凡的毅力、领导力和人格魅力,还必须有上天的眷顾。按照马老师自己的演讲所述,他和阿里巴巴就是在非典肆虐的过程中因祸得福的。和现在一样,非典疫情在当时也引起了广大民众的高度恐慌。当时也如钟南山院士所言,应对疫情扩散的最原始但也有最有效的办法就是隔离,每个人都尽可能地待在家里,看娃、读书、追剧……但是,似乎还缺了点啥,是的,缺了一样很重要的事情——买东西!即便待在家里,人们还是需要消费的,也还是希望享受交易带来的物质或精神满足感的。但不能出去逛街,什么才是解决之道呢?这时候,人们突然想到,好像有个搞电子商务的"淘宝",据说可以通过线上下单来购买各种各样的东西。百无聊赖之下,何不尝试一下呢?

可当时大多数人对待线上交易的心态正如麻秆打狼——两头怕,由于缺乏信任机制,卖家害怕货发出去之后收不到钱,而买家则害怕钱付出去了却收不到货。为了解决这种信任问题,马老师他们开发了支付宝,其本质是引入第三方担保机制,买家先将钱打入支付宝,只有收到货物并确认之后,卖家才能从支付宝提取货款,这就极大地降低了电商交易欺诈的可能性。

即便如此,因为人们对电子商务这种当时的新生事物仍普遍存在认知障碍(recognitive barrier),马老师他们那时候获客是非常艰难的。而按照我们之前分析的梅特卡夫定律,由于网络外部性(network externality),网络价值是其规模的平方量级。考虑人们加入网络的技术成本及认知成本,一开始网络规模的扩张是非常缓慢的,只有当网络规模跨越起飞阶段后才会进入爆炸性增长的阶段;然后,随着绝大多数人都已经加入网络,网络规模趋于饱和。而这种逻辑曲线与病毒传播的机理恰恰是完全相同的。作为对照,可以将已经加入网络者看成"感染者",将那些尚未加入网络者视为"易感人群",则容易理解,病毒扩散或者网络扩张的速度就与"感染者"和"易感人群"的数量乘积成正比。

机会只会垂青那些有准备的人。有了淘宝和支付宝,马云和阿里巴巴可谓是"万事俱备,只欠东风"。而对马云和阿里巴巴而言,当年的非典正是他们意想不到的"东风"。非典肆虐,待在家里的人们失去了逛街的机会,不得不尝试通过淘宝平台购物。结果不试不知道,一试吓一跳,人们发现通过淘宝购物不但没有想象中的那种付钱收不到货或者发货收不到钱的欺诈,而且还前所未有地体验了"亲们"的贴心服务。特别地,对于受够了"店大欺客"的消费者而言,他们可以破天荒地通过评价功能对网店的产品和服务质量进行打分。这样一来,素昧平生的消费者们可以共享他们的消费体验,同时,任何一个差评都会给网店构成莫大的压力。

有了这种惬意的网购体验的消费者,尤其是年轻消费者们,就好像是那些吃过生肉的老虎不再喜欢吃熟肉一样,即便非典结束,他们仍然愿意继续这样的消费模式,因为即使是在办公室或通勤途中,他们也都可以上淘宝买东西。他们还发现,淘宝这个线上大卖场中不但应有尽有,还可以通过搜索和比价工具来货比三家。

淘宝的用户量跨越了起飞阶段,进入了链式爆炸的高速发展阶段。受益者当然不光是淘宝和阿里巴巴,还包括当时也在苦苦挣扎的京东。尽管现在二者"打"得不亦乐乎,但在那个时候,它们完全是同一个战壕里一荣俱荣、一损俱损的同盟军。同时,这也是一个几家欢乐几家愁的"创造性破坏"的过程,伴随着阿里巴巴和京东的兴起，许许多多的线下大卖场走上了王小二过年——一年不如一年的下坡路，有些直接在关门潮中破产清算，有些则是被他们曾经不以为然的电商平台所收购而黯然神伤地退出了历史舞台。

人们常常疑惑，面临技术和市场冲击所带来的巨大机会，为何那些曾经辉煌无比的大公司会视而不见导致最终败走麦城？对此最为合理的解释是，在进退之际、成败之间，企业家精神起到了最为核心的作用。只有企业家才愿意并能够冒险打破常规，从而收获常人所不能及的超额利润。著名物理学家普朗克曾经说过，一个新理论被接受，不是因为说服了原本的反对者，而是因为接受新理论的新生代成长起来了。与之类似，产业演化的常态是"有多成功，往往就有多失败"。有人之所以在过去取得巨大成功，一定是因为他们找到了与过去的情况最为匹配的商业模式。既有的商业模式越是成功，越是屡试不爽，他们就越有可能将其奉为圭臬。然而，一旦技术和市场情况发生了根本性变化，固守既有的商业模式就会变成不合时宜的"刻舟求剑"。一个有趣的例子是在大润发被阿里巴巴收购之后，其创始人黄明端先生发出了"天亡我也，非战之罪"式的感叹：我战胜了所有的对手，却输给了时代。他的想法是颇耐人寻味的，因为按道理既然战胜了所有的对手，就不会有失败了。只不过，他眼中的"所有的对手"，大概只包括了易买得、家乐福和沃尔玛之类的线下大卖场，却没有包括淘宝、天猫和京东之类的线上大卖场。

自从互联网在中国遍地开花，人们特别害怕突然的"野蛮人"来敲门。但不得不说，这世界上其实没有什么"野蛮人"，而我们之所以将他们称为"野蛮人",是因为我们囿于故步自封、画地为牢的认知偏差而选择对他们视而不见而已。你可以说大润发和天猫的商业模式风马牛不相及,但在本质上,它们都为社会提供了同样一种功能,即促成买家和卖家之间的互惠交易,只不过一个发生在线下,另一个发生在线上。

与之相关地,所谓价值投资,就是要在两个矛盾的方面取得微妙的平衡。一方面,每个人、每个企业,只有做自己熟悉的东西才能在竞争中取得成功;而另一方面,过去成功不代表将来依然会成功,故需要时刻对新生事物充满好奇和敬畏之心。历史不会简单地重复,却会以似曾相识的方式呈现出来。如果说"非典"造就了马云和阿里巴巴,以及刘强东和京东,我们似乎可以预期,此次"新冠"也很有可能促成新的商业模式。具体哪些模式最终会脱颖而出,那是只有企业家们才能真正把握和实现的问题。即便如此,我们似乎还是可以猜测一些可能的商业模式嬗变。

首先需要讨论的是互联网办公,在此方面值得关注的是阿里巴巴的钉钉、腾讯的企业微信,以及《学习强国》的强国通。面对汹汹疫情,习惯了现场开会的人们现在只能通过互联网开会处理问题。就在今天下午,我们学院就是通过免费的强国通开了网络会议来布置疫情防治的各项工作。

考虑到学习成本,人们一开始或许是有些不习惯的,但我相信,正如电子商务的普及,人们也会逐渐适应甚至喜欢上网络会议。不是说网络会议会完全替代线下会议,而是说网络会议能以更加灵活的方式实现团队沟通的需要。其灵活性体现在既能实现随时沟通,又不需要任何物理空间。可以想象,随着

5G技术的推广普及，网络会议的吸引力会更大。

其次需要特别强调的是在线教育。尽管人们经常批评中国股市没有价格发现功能，但仔细想来，一如世界其他国家的股市，中国股市实际上非常准确地反映了中国资本市场的本质，而且也会给出一些富有前瞻性的信号指引。的确，面对汹汹疫情，中国股市经过春节假期后开市第一天的大跌之后，除了与病毒防治相关的医药股如期上涨，一些与在线教育相关的股票表现也非常抢眼。如果说医药股的上涨会因为疫情的结束而恢复原状，在线教育的商业模式却是方兴未艾的。在线教育的概念在短期内表现抢眼，可以归因于许多高校为了让学生们在疫情时期"放假不放学"的需求；而之所以说其方兴未艾，则是因为这种短期冲击会产生不可逆的长期效应，即助推人们接受在线学习模式。

以慕课为例，正因为其"大规模""线上"和"公开"这三种特性，慕课必将对未来人们的学习方式甚至整个教育体系带来巨大的冲击。

在传统模式下，教师授课提供的是一种"俱乐部公共品"。因为物理空间和声音传播的限制，每堂课所能容纳的受众是非常有限的，即便教室有剩余空间，教师上课可以用扩音喇叭，其授课内容也不会向全社会开会，通常只有那些获得"俱乐部会员"资格的人才有机会听课。比如，就通常情况而言，复旦大学的课程只对那些拥有复旦大学"ID"的师生开放。同时，传统模式下教师上课所提供的也是一种"阅后即焚"的易耗品，一个老师可以年复一年地讲着相同的内容。山不转水转，由于一茬一茬的学生不一样，即便课程内容保持不变，课程和学生的组合却是不断更新的。

而慕课本质上能够改变这种情况。一方面，慕课会将教师上课所提供的"易耗品"变成数字化的"耐用品"，即一旦课程内容变成音频或者视频，它们就能够脱离于授课教师本身而长久地独立存在了。另一方面，正因为课程变成了数字化产品，它就可以借助于互联网，不仅能够以极低的成本传播，而且还会大规模地传播，此时"俱乐部公共品"就变成了"全球公共品"。由此，复旦大学的学生就可以不再受限于，也不满足于复旦大学的教师提供的课程，他们也可以学习北京大学甚至哈佛大学的教师提供的线上课程。这不仅扩大了学生的选择自由，也加剧了教师之间的授课竞争。

是故，未来可能会出现这样的情况，一种标准化程度很高的传统课程，学生们都会选择一名学问好、口才棒、颜值高的教师的慕课，而至于本来从事这门课程教学的教师，就只能充当习题课老师了。

另外，在线教育方兴未艾还有一个更重要的原因，即如高校之类的传统教育机构难以跟上知识爆炸性增长的步伐。按照摩尔定律，人类社会所产生的信息，以及被数字化的知识会呈现出指数型增长的趋势。需要强调的是，随着大数据、云计算和 AI 的发展，前沿知识的贡献不光来自大学，而且会越来越多地来自业界。考虑到终身教职等制度原因，高校教师的人员更新速度远低于业界的创新性公司的人员更新速度，而在给予顶尖人才的薪酬上高校更是望尘莫及。由此导致的结果就是，人类整体知识的增长率会大于高校消化和创造知识能力的增长率。

面对这样的情况，那种靠一门手艺终了一生、靠一套教案

"老生常谈"的日子必将一去不复返了。人们必须不断学习，必须终生学习才能避免被社会淘汰。走出校门后，人们通常都只能依赖各种市场化的在线学习机会。同时，如上所述，由于高校在消化和创造新知识方面的能力相对不足，人们也只能更多地依赖市场化的在线教育机构来获得那些更加前沿的、由业界创造的知识。

2020 年 2 月 6 日